thread

식량, 우주, 쓰레기

판권

《스레드》는 북저널리즘이 만드는 종이 뉴스 잡지다. 북저널리즘은 2017년 서울에서 출판물로 시작해 디지털, 정기 구독, 커뮤니티, 오프라인으로 미디어 경험을 확장하고 있다. 《스레드》 26호는 2024년 10월 10일 발행됐다. 이연대, 신아람, 김혜림이 쓰고 편집했다. 들어가며, 마치며는 신아람이 썼다. 표지 사진은 지구 궤도를 도는 우주 쓰레기의 모습이다. 출처는 미국 항공우주국(NASA)이다. 이 책의 발행처는 주식회사 스리체어스(threechairs)이고, 등록 번호는 서울중, 라00778이다. 주소는 서울시 중구 퇴계로2길 9-3 B1, 이메일은 thread@bookjournalism.com, 웹사이트는 bookjournalism.com이다.

《스레드》는 국제 정세, 기후 위기, 정책, 문화, 정치적 극단주의, 인공지능 등 지금 무슨 일이 일어나고 있는지에 대한 맥락을 해설합니다.

목차

들어가며

여름을 견디고 났더니 기다리는 것은 빈곤한 가을이다. 기후 재난의 영향으로 농작물이 제대로 자라지 못하거나 수확 이전에 망가져 버렸다. 지난 추석 연휴에는 시금치 한 단을 사려면 만 원이 필요했다는 괴담이 도시 전설처럼 떠돌았다. 우리는 점점 미래를 향해 나아가고 첨단 기술은 숨이 차도록 몰려오는데, 먹고사는 문제는 좀처럼 해결되지 않는다. 그러나 우리는 풍요로운 삶에 너무 빠르게 익숙해졌는지도 모른다. 우리가 만들어 내고 있는 쓰레기의 양을 보면, 그 풍요의 정체를 가늠할 수 있다. 그러니까, 우리는 무언가 뒤틀리고 잘못된 풍요를 누리고 있는지도 모른다. 그러한 의심이 쌓여 우리의 농사를 되돌아보자는 논의가 이루어지고 있다. 자연스럽게, 좀 부족해도 그걸 견디며 살아가는 삶을 준비해야 할지도 모른다. 《스레드》 26호는 발전과 번영의 의미를 다시 생각해 볼 수 있는 이야기들을 추려 담았다.

익스플레인드

우리에겐 '해설(explained)'이 필요하다. 세상에 정보는 너무 많고 맥락은 너무 적다. 똑똑한 사람들이 정말 중요한 이슈를 따라잡기가 점점 어려워지고 있다. 그래서 《스레드》는 세계를 해설한다. 복잡하고 경이로우며 빠르게 변화하는 세상을 이해하는 데 필요한 통찰을 제공한다. 지금 무슨 일이 벌어지고 있는지 알리는 데 그치지 않고 그 일이 일어난 이유와 맥락, 의미를 전한다.

강한 사과를 만들려는 노력이 이어지고 있다. 대구 군위에 위치한 농촌진흥청의 사과연구소에는 8만 4000평에 이르는 재배 용지에 30여 개 사과 품종이 빼곡히 들어찼다. 최근 연구진은 기후 위기에 대응한 신품종 개발에 집중하고 있다. 최근에는 과수원 온도를 낮출 수 있도록 스마트폰으로 냉수를 살포하는 무인 스마트팜 기술도 확보했다. 김혜림이 썼다.

사과는 서늘한 곳을 좋아하는 과일이다. 기후와 날씨에 취약할 수밖에 없다. 날은 점점 더워진다. 사과를 계속 즐기기 위해서는 날씨와 사과, 둘 중 무언가가 달라져야 한다. 사과를 바꾸는 건 조금 더 쉬운 선택지였다. 그러나 사과를 바꾸는 해결책에만 미래의 식생활을 걸기에는 석연찮은 구석이 많다.

아폴로 품종의 사과가 농장 수확 박스에 담겨 있다. 사진: Geography Photos/Universal Images Group via Getty Images

사라질 과일

사과는 사라질 과일이다. 지구 온난화가 지금의 추세대로 계속된다면 한반도 남단에서는 2090년쯤 사과 재배가 불가능해진다는 전망이 나온다. 한국농촌경제연구원이 발표한 '농업전망 2024'에 따르면 2033년 사과 재배 면적은 3만 900헥타르로 올해 면적인 3만 3800헥타르보다 8.57퍼센트 줄어들 것으로 전망된다. 9년 동안 축구장 4000개 규모의 사과밭이 사라지는 것이다. 사과 생산량도 줄어들 수밖에 없다. 사과는 2024년 50만 2000톤에서 2033년 48만 5000톤까지 감소할 전망이다.

사과값

우리는 이미 사과 멸종 시대의 초입을 경험하고 있다. 국내 사과값은 주요 95개국 중 가장 비싼 것으로 나타났다. 지난 3월 26일 기준 사과 1킬로그램의 가격은 한국이 6.82달러, 약 9000원으로 1위를 기록했다. 물가가 높은 일본과 미국, 싱가포르와 비교해도 높았다. 사과꽃이 개화하지 않거나 수정 시기를 놓치면서 착과가 안 되는 사례가 늘었기 때문이다. 관계자들은 "앞으로 각 지역에 맞는 사과 품종과 대체 품종 개발이 이어져야 할 것으로 보인다"고 짚었다.

품종 개량

사과만이 품종 개량 논의의 대상이 되는 것은 아니다. 식량 안보가 화두로 등장한 배경 역시 품종 개량과 유전자 연구에 대한 필요성을 키우고 있다. 농림축산식품부에 따르면 2022년 기준 국내 곡물 자급률은 22.3퍼센트다. 대부분의 소비 곡물을 해외에서 수입하는 셈인데, 특히 콩(7.7퍼센트)과 옥수수(0.8퍼센트), 밀(0.7퍼센트)의 자급률이 크게 낮다. 수산물 개량에 관한 연구도 활발히 논의되고 있다. 해수 온도가 높아지면 양식과 채취 시기가 짧아지며 식량 공급에 차질이 있을 수 있기 때문이다. 이미 오징어와 김은 위기에 처했다.

규제

국내에는 유전자 변형 생물체 법(LMO법)을 통해 유전자를 변형한 농작물을 개발할 때는 중앙 행정 기관의 승인을 받도록 하고 있다. 최근 농진청은 가뭄에 내성이 있는 콩 종자를 개발하기 위해 우루과이에 연구실을 냈다. 국내의 법 규제를 피하기 위해서였다. 대형 식품업계 관계자는 이런 상황이라면 굳이 R&D 활동을 할 필요가 없다며 규제를 완화할 필요가 있다고 언급했다. 유럽은 2023년 7월 유전자 변형 식물에 대한 규제를 완화하는 제안을 발표했다. 제안이 승인된다면 유전자를 변형한 식물은 기존 식물과 동일하게 취급된다. 안전 검사와 변형 라벨링을 거치지 않아도 되는 것이다.

유전자 연구

최근에는 갈변이 되지 않는 사과, 곰팡이병에 걸리지 않는 작물 등을 만들어 내는 유전자 편집 기술도 활발히 연구 중이다. 그러나 일각에서는 유전자 연구와 품종 개량이 불러올 문제도 작지 않다고 지적한다. 특정 유전자를 없애거나 침묵시키는 등의 유전자 편집도 마찬가지다. 시민단체와 과학자들은 작물의 RNA를 조작하게 되면 목표 유전자 외에 다른 유전자도 저해될 수 있다며 우려를 표하고 있다. 특정 유전자를 저해시키면 유사한 기능을 담당하는 유전자 집단 전체가 영향을 받을 수 있기 때문이다. 이들이 질병에 취약해지면서 농민들이 더욱 강한 살충제를 사용하게 될 수 있다.

공장식 농업

그뿐만 아니다. 민간을 중심으로 유전자 개량 및 변형 연구가 진행된다면 지금과 같은 공장식 농업 시스템이 유지될 가능성이 크다. 현재 공장식 농·축산업에 사용되는 땅은 지구 전체 면적의 26퍼센트를 차지한다. 다국적 거대 기업들은 유전 기술에 집착하며 다음 시대의 먹거리를 상품화하기 위해 나서고 있다. 대표적으로 미국의 종자 회사인 '코르테바'와 '바이엘'은 단백질 함량이 증가한 대두, 찰옥수수, 제초제에 내성이 있는 쌀에 대한 특허를 내면서 새로운 유전 기술 경쟁에서 앞서 나가고 있다. 공장식 농업 모델은 중장비와 비료와 같은 인공 투입재에 농부를 의존시키는 상태에 빠트린다. 토양은 고갈되고 생물 다양성은 더더욱 빠르게 손실된다.

느린 대안

문제는 현존하는 식품의 '양'이 부족하다는 점이 아니다. 세계 식량의 30퍼센트는 쓰레기로 버려진다. 더 많은, 더 강한 식품을 만들어 내려는 빠른 해결책보다 지금의 문제를 해결할 수 있는 느린 대안을 논의해야 한다는 의미다. 물리적, 생물학적, 화학적 간섭을 최소화하고 토양 유실을 막아 홍수, 가뭄에 대한 저항력을 키우는 탄소 농업이 대안으로 논의된다. 아보카도와 같이 기후를 파괴하는 음식을 낭비하는 것을 제한하는 것, 기후 위기를 완화할 수 있는 생물 다양성을 재건하는 것 역시 대안 중 하나다. 대량 농업 시스템과 품종 개량이라는, 지금의 시스템을 유지하는 것으로는 기후 위기에 일시적인 대응만을 가능케 할 것이다.

IT MATTERS

빠른 해결은 기존의 시스템을 유지하는 것이 골자다. 다국적 기업에 의해 전 세계로 뻗어 나갔던 식품 유통 시스템, 그리고 농업 전체를 조용히 관리해 왔던 비료와 중장비의 세계가 그것이다. 그러나 기존의 시스템이 많은 문제를 만들어 왔다는 것 역시 부정할 수 없는 사실이다.

품종 개량과 유전자 조작이라는 대안에는 갈등이 발생할 수밖에 없다. GMO 식품은 아직 안전성에서도, 그것이 불러올 결과에서도 모두를 설득하지 못했다. 각종 논의와 갈등으로 인해 우리는 이미 골든 타임을 놓치고 있다. 규제도, 연구도,

다른 해결책에 대한 논의도 계속돼 지연되는 것이 현실이다. 그렇다면 느린 대안으로 논의됐던 것이 사실은 가장 빠른 대안일 수 있다. 자연의 힘을 재건하는 데서 새로운 해결을 시작해 볼 수 있다.

그 쓰레기는 누가 버렸을까

미국 항공우주국(NASA)이 소송에 휘말렸다. 상대는 플로리다주의 한 가족이다. 사달이 난 것은 지난 3월 8일, 우주 쓰레기 한 점이 가정집으로 추락했다. 지붕과 2층 바닥이 그대로 뚫렸다. 다행히 인명 피해는 없었지만, 아들이 낙하물에 맞을 뻔했다는 것이 가족의 설명이다. 추락한 우주 쓰레기는 지난 2021년 국제 우주 정거장(ISS)에서 떨어져나온 것으로, 배터리 교체 후 버려진 2.6톤짜리 배터리 팔레트였다. 신아람이 썼다.

해프닝으로 보이지만, 이번 소송 결과는 중요한 기준점이 될 전망이다. 우주 쓰레기로 인한 개인의 피해를 누가, 어떻게 보상해야 할 것인지에 관한 첫 판결이 될 것이기 때문이다. 우주는 손에 잡히지 않고 너무 멀다. 실재하나 추상의 개념으로 우리에게 인식되어 왔다. 하지만 우리가 너른 우주로 제대로 된 탐험을 떠나기도 전, 우주가 먼저 우리에게 다가왔다. '우주 쓰레기'의 모습을 하고 말이다.

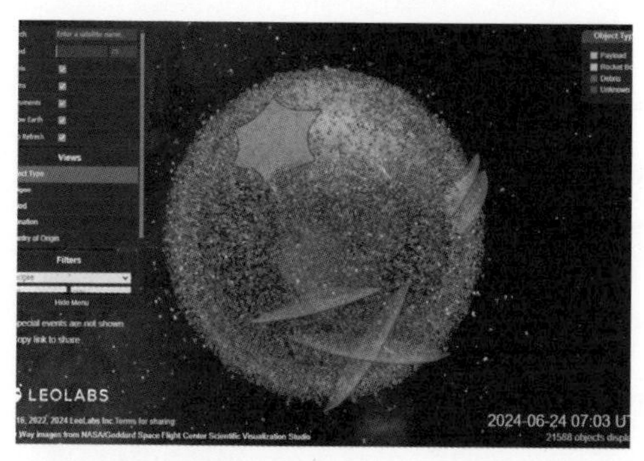

2024년 6월 24일 기준 지구 상공 궤도를 덮고 있는 물체들. 자주색 점이 관측 가능한 우주 쓰레기다. 사진: LeoLabs

우리나라도 예외는 아니라서

우주 쓰레기의 위협은 당연히 미국만의 문제가 아니다. 우리나라도 일촉즉발의 위기 상황에 처한 일이 있다. 지난 2023년 1월, 본 적 없는 재난 문자가 수신됐다. 미국 위성의 잔해가 한반도 인근에 떨어질 수 있다는 내용이었다. 1984년 발사된 지구 관측 위성이 수명을 다하고 지구를 향했던 것이다. 2018년에는 중국의 우주 정거장 '톈궁 1호'가 한반도로 추락할 가능성이 제기되며 비상이 걸렸다. 대기권을 지나는 동안 미처 다 타지 못한 잔해가 그대로 도시 한복판에 떨어질 경우 발생할 위험은 상상 이상이다. 문제는 두 경우 모두 당황하고 우려했던 주체가 우리뿐이었다는 점이다. 미국도, 중국도 조급해하지 않았다.

총알보다 빠른 쓰레기

지상뿐만 아니라 우주 공간에서도 위협은 증가하고 있다. 유럽 우주국(ESA)에 따르면 2022년 2409개의 추적형 '페이로드(payload)'가 발사되었다. 쉽게 말해 돈을 받고 로켓에 실어 우주로 쏘아 올려 준 화물이 2409개였다는 얘기다. 이를 지구에서 추적 및 관찰할 수 있어 '추적형 페이로드'라고 명명한다. 대부분이 인공위성이다. 우주는 무한하지만, 페이로드가 향하는 곳은 좁다. 예를 들어, 글로벌 통신망 구축을 위해 발사된 위성이라면 통신망을 필요로하는 수요가 있는 곳을 궤도 삼아야 한다. 붐비는 궤도일수록 우주 쓰레기의 위험도 커진다. 위성이 쓰레기와 부딪치면 일부 파손되어 성능 저하는 물론 완전 고장의 수준까지 이를 수 있다. 우주 쓰레기의 속도는 최고 초속 15킬로미터에 달한다. 총알보다 10배 이상 빠른 수준이다.

가이드라인의 쓸모

물론 피해를 막기 위한 가이드라인은 있다. 1959년 발족한 UN 우주 공간 평화적 이용 위원회(UN COPUOS)는 2007년 사용이 종료된 후 25년 이내에 궤도를 비우도록 하는 내용을 포함한 '우주 쓰레기 경감을 위한 우주 비행체 개발 및 운용 권고' 안을 발표했다. 초기에는 유명무실한 선언이었지만, 문제가 심각해지면서 최근에는 가이드 준수율이 100퍼센트에 가깝게 증가했다. 하지만, 이 이야기는 궤도를 벗어나 지구로 돌아오는 위성이 늘어난다는 의미다.

우주의 궤도는 안전해지지만, 지상의 위험은 커진다. 관찰 가능한 크기에 일정한 궤도를 따라 움직여 추적 가능한 우주 쓰레기는 지난해 기준 3만 5168개다.

일단 쏘아 올리고 보는 이유

어쩌다 이 지경이 됐을까. 일단 쏘고 보자는 식의 '난개발'이 한몫했다. 우주의 주인은 없다. 먼저 깃발을 꽂아야 향후 우주 시대에 유리한 고지를 점할 수 있다. 인공위성 궤도도 마찬가지다. 먼저 쏘는 사람이 임자다. 촘촘하게 깔아야 유효성도 올라간다. 예를 들어 일론 머스크의 스페이스X는 저궤도 통신망 스타링크를 위해 6000개가 넘는 위성을 쏘아 올렸으며, 이 중 3000개가 넘는 인공위성이 활동 중이다. 스페이스X는 고장 난 인공위성을 우주 공간에서 벗어나도록 제어한다는 입장이지만, 실제로는 어떤지 확인할 방법은 없다. 또, 최근 한 연구는 이 위성들이 수명을 다해 대기권과 충돌할 경우 오존층 손상을 야기할 수 있다는 결과를 내놨다.

강대국들의 우주 전쟁도 한몫한다. 민간 기업을 중심으로 우주 개발에 나서는 '뉴 스페이스(New Space)' 시대에도 우주 개발은 여전히 국가 안보의 일부다. 바로 파괴적 위성 요격 미사일(Anti SATellite Weapons, ASAT)이 대표적 사례다. 카카오맵, 차량용 내비게이션은 물론이고 통신망까지 인공위성에 의존하는 시대다. 주식 시장, 외환 시장이 열리고 마감하는 시간에 한 치의 오차가 없어 전 세계의 금융이 하나로 묶여 돌아갈 수 있는 것도 인공위성이 지금 정확히 몇 시인지를 확인해 주기 때문이다. 이 모든 것을 파괴할 수 있는 것이 바로 ASAT이다.

세계 멸망의 시나리오

비유하자면 ASAT은 우주 시대의 핵폭탄이다. 미국, 러시아, 중국, 인도 등이 이 기술을 갖고 있다. 이미 10차례 이상 시험이 진행되었다. 우주에서 미국과 중국이 서로의 위성을 겨눈다면 지상의 혼란과 함께 우주의 대참사가 동시에 발생하게 된다. 이를 막기 위해 지난 2022년, 미국은 위성

요격 미사일 시험 중단을 선언했다. 우리 정부는 환영했고, 2023년에는 UN 차원에서 시험 중단에 합의했다. 이 기술을 시험하는 과정에서 파괴된 인공위성은 셀 수 없는 우주 쓰레기로 부서진다. 올바른 합의다. 그러나 함정이 있다.

그들만의 우주 전쟁

중국, 인도는 물론 러시아도 언제든 돌발 행동을 할 수 있다. 국제 정세가 날로 악화하는 가운데, 미국 중심의 단일 체제는 끝난 지 오래다. 명분은 필요에 따라 만들어진다. 게다가 위성 요격 미사일 시험을 중단한다는 것은 ASAT 기술을 이미 갖고 있는 국가 외에는 기술 개발 자체가 차단당한다는 뜻이기도 하다. 핵무기를 보유하려면 핵실험을 해야 기술 개발이 가능하다. ASAT도 마찬가지다. 마치 핵확산금지조약(Treaty on the Non-Proliferation of Nuclear Weapons, NPT)처럼, 이미 우주 강대국은 ASAT 기술을 독점해 버렸다.

IT MATTERS

만약 중국이 ASAT을 사용해 미국의 위성을 파괴했다고 가정하자. 그 결과 우리나라 대도시 한복판에 파편이 떨어지고 통신 장애 등으로 인한 2차 피해가 있었다면 그 배상 책임은 어디에 있을까. 플로리다의 한 가족이 NASA를 상대로 제기한 소송은 이런 잠재적 재난의 책임 소재를 가르는 논의의 시작일 뿐이다.

그뿐만 아니다. '케슬러 신드롬'까지 염두에 둔다면 재난의 크기와 복잡성은 상상의 영역도 벗어날 수 있다. 지구 저궤도가 일정 이상으로 붐비게 되면 물체들 사이 충돌이 잦아지고, 이에 따라 우주 쓰레기가 증폭돼 우주 탐사와 인공위성 사용이 불가능해진다는 가설이다. 쉽게 말해 우주 쓰레기끼리 부딪치고 또 부딪치면서 쓰레기의 양이 재앙 수준으로 늘어날 수 있다는 얘기다.

이 문제의 책임은 UN이 아니라 우주를 향해 끊임없이 무언가를 쏘아 올리고 있는 주체들에 있다. 우주 개발이 그저 꿈과 희망과 미래를 위한 투자에 그치는 것이 아니라 책임의 영역이기도 하다는 얘기다. 화성 이주라는 일론 머스크의 꿈이 이루어지기 전에 스타십을 안전하게 발사할 궤도가 먼저 막혀 버린다면, 21세기가 쌓아 온 과학의 가능성은 허무하게 사라질 수도 있다.

메탄을 잡으러 우주로

3월 4일 오후 6시 56분, 미국 플로리다주 케이프커내버럴 우주군 기지에서 스페이스X 팔콘9 로켓이 발사됐다. 로켓에는 수십 개의 위성이 실려 있었다. 그중 하나가 메탄샛(MetheranSAT)이다. 미국 비영리 단체 환경 보호 기금(Environmental Defense Fund, EDF)이 발사를 의뢰한 위성이다. 이 위성은 지구 궤도를 돌며 새는 메탄가스를 잡아낸다. 이연대가 썼다.

이산화탄소를 걱정하는 사람이라면 메탄도 걱정해야 한다. 메탄은 지구 온난화의 숨은 주범이다. 지구 온난화의 3분의 1이 메탄에서 비롯된다. 그래도 희망은 있다. 메탄은 이산화탄소보다 다루기 수월하다. 환경 보호 기금은 지구 온난화를 늦출 가장 빠른 방법이 메탄 배출 저감이라고 말한다. 그래서 위성을 띄우고 메탄을 측정하고 데이터를 공개한다.

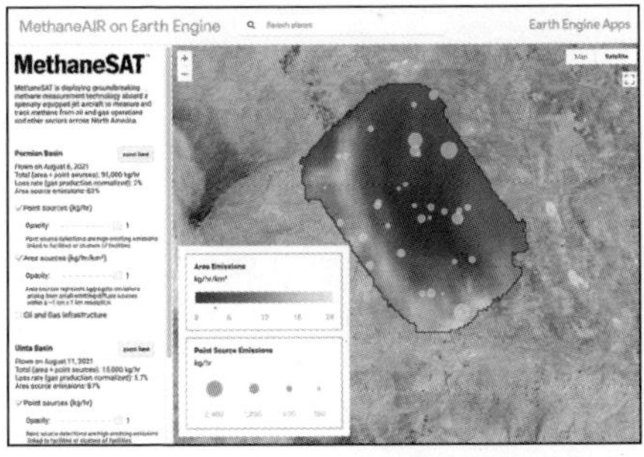

구글 어스에서 메탄샛이 측정한 메탄 데이터를 볼 수 있다. 사진: 메탄샛

메탄

지구를 둘러싸 지구에서 우주로 열을 내보내지 못하게 막는 기체를 온실가스라고 한다. 6대 온실가스가 이산화탄소, 메탄, 아산화질소, 수소불화탄소, 과불화탄소, 육불화황이다. 이산화탄소가 지구 온난화의 주범으로 알려졌지만, 강력하기로는 메탄을 따라갈 수 없다. 같은 질량이 배출됐을 때 지구 온난화에 미치는 영향이 이산화탄소의 21배에 달한다.

이산화탄소 vs. 메탄

그런데 메탄은 이산화탄소보다 다루기 쉽다. 메탄은 반감기가 10년이다. 한번 배출되면 금방 사라진다. 반면 이산화탄소는 수백, 수천 년간 남는다. 산업 혁명 때 발생한 이산화탄소가 아직 대기에 남아 있다. 메탄은 제거도 비교적 간단하고 비용도 적게 든다. 석유와 가스에서 배출되는 메탄의 75퍼센트는 현재 기술로 막을 수 있고, 40퍼센트는 비용 없이 제거할 수 있다.

자연적 발생과 인위적 발생

전 세계 연간 메탄 배출량은 6억 톤이다. 이 중 40퍼센트가 자연적으로 발생한다. 동물 사체와 배설물 같은 유기물이 미생물에 의해 분해될 때 메탄가스가 발생한다. 지구에 생명체가 사는 이상, 자연적 발생은 어쩔 수 없다. 나머지 60퍼센트는 인간의 활동으로 만들어진다. 그중 화석 연료와 농축산업이 각각 3분의 1을 차지한다. 나머지는 쓰레기, 하수, 화재, 자동차 등에서 나온다.

가스관

인위적인 메탄 발생을 어떻게 줄일 수 있을까. 메탄이 많이 담긴 소의 트림과 방귀를 금지하거나, 농축산업을 아예 중단할 수도 없는 노릇이다. 해법은 의외로 간단하다. 헐거운 가스관을 조이는 것이다. 전체 메탄의 4분의 1이 석유, 가스 회사의 생산 현장에서 소비자에게 도달하는 과정에서 배출된다. 헐거운 가스관을 닦고 조이고 기름치기만 해도 메탄 배출을 크게 줄일 수 있다.

데이터

그런데 점검할 파이프라인이 너무 많고, 화석 연료 회사는 자체 수집한 데이터를 공개하지 않는다. 환경 단체는 자동차와 비행기에 적외선 카메라를 장착하고 파이프라인 누출을 탐지하기도 하는데, 어디서 얼마나 메탄이 누출되고 있는지 정확히 파악하기 어렵다. 석유 회사에 찾아가 당신네 현장에서 메탄 누출이 있는지 측정하고 싶다고 요청하는 수밖에 없다. 데이터가 없으니 개선도 없다.

메탄샛

그래서 환경 보호 기금이 메탄 측정 위성을 쐈다. 세탁기 크기이고, 제작비는 88만 달러가 들었다. 메탄샛은 지구 궤도를 하루에 15번 돌면서 메탄가스 농도를 측정한다. 전 세계 석유, 가스 생산량의 80퍼센트 이상을 차지하는 50개 주요 지역을 정기적으로 모니터링한다. 1픽셀의 크기가 100×400미터로 정밀해 선명한 배출 히트맵을 생성한다. 집계한 데이터는 일반에 무료 공개된다.

AI

이번 프로젝트는 구글과 협업으로 이뤄졌다. 구글은 위성 이미지에서 보도, 표지판, 도로 이름 같은 것들을 AI로 감지해 구글 지도에 표시하는데, 이 기술을 이용해 위성 이미지에서 석유와 가스 인프라를 유정 패드, 오일펌프, 저장 탱크 등 세세하게 식별한다. 이 지도에 메탄샛이 측정한 데이터를 중첩하면 메탄이 정확히 어느 시설에서, 얼마나 유출되는지 파악할 수 있다.

IT MATTERS

미국에서 메탄을 가장 많이 배출하는 분야는 농축산업이다. 그런데 환경 보호 기금은 전략적으로 화석 연료 산업에 먼저 집중하기로 했다. 석유와 가스 회사의 수가 농부보다 적기 때문이다. 또한 이들은 자금이 넉넉해 배출 저감 조치를 빠르게 이행할 수 있다. 환경 보호 기금은 메탄샛이 수집한 데이터가 대중에 공개되면 메탄 배출을 많이 하는 회사를 부끄럽게 하는 데 사용될 수 있다고 말한다. 적은 돈 들여 파이프라인을 조이기만 하면 되는데, 굳이 기후 위기의 주범으로 몰리고 싶은 경영자는 없을 것이다. 여러모로 영리한 프로젝트다.

AI won't save us

우리는 지금 반세기마다 다가오는 완전히 새로운 변화를 목격하고 있다. 디지털 혁명보다 더 크고 더 강력한 혁명이 오고 있다. 바로 AI다. 디지털 대량 생산은 물질 대량 생산처럼 인간의 삶을 근본적으로 변화시킬 것이다. 'AI won't save us' 시리즈는 AI가 가져올 경제, 사회, 문화 변화의 징후를 포착한다.

AI 슬롭

현실 세계에 도시 전설과 같은 괴담이 존재하는 것처럼, 인터넷 세계에도 나름의 괴담이 있다. 그중 가장 유명한 것이 '죽은 인터넷 이론'이다. 이미 인터넷은 자동화된 '봇'에게 점령당했으며, 우리가 경험하고 있는 온라인 세계는 대부분 인간이 아닌 기계가 만들어 낸 것이라는 괴담이다. 이 괴담이 현실이 될지도 모른다. AI 때문이다. 신아람이 썼다.

변화와 징후

변화: 오픈AI가 내놓을 새로운 AI 모델에 관심이 모이고 있다. 성패에 따라 오픈AI의 가치와 미래가 달라지기 때문이다.

징후: 오픈AI가 준비하고 있는 것은 더 똑똑해진 챗GPT가 아니다. 고도의 추론 능력을 갖춘, 인간 없이도 발전하는 AI 모델이다.

이 영상은 유튜브에 업로드 되어 있지만, 생성형 AI 이미지를 이용해 페이스북에서 돈을 버는 법을 강의하는 튜토리얼은 텔레그램 등에서 유료로도 거래되고 있다. 출처: 유튜브

음악이 사기 행각에 이용될 수 있을까. 충분히 가능한 일이다. AI를 이용한다면 말이다. 미국 FBI가 7년 동안 AI를 이용해 음악 스트리밍 사기를 저지르며 약 1000만 달러의 수익을 올린 인물을 체포했다. 노스캐롤라이나 출신의 마이클 스미스, 음악 프로듀서다. AI를 활용해 수십만 곡의 음악을 만들었다. 스포티파이, 아마존 뮤직, 애플 뮤직 등 주요 음원 스트리밍 플랫폼에 수천 개의 봇 계정을 생성하고, AI로 생성한 음악을 재생했다. 하루에 66만 회 이상 스트리밍했다고 한다. SUNO 등을 이용해 생성한, 꽤 들을 만한 음악도 아니었다. 저품질의 소음에 가까운 음원이었다. 엄청나게 창의적인 방법이라고 할 수는 없다. 최근 페이스북 사용자들 사이에서는 갑자기 스팸 게시물이 엄청나게 쏟아지고 있다는 이야기가 나온다. 주로 북미 지역에서 발생하는 현상이다. 어떤 것은 애매하고, 어떤 것은 명확하다. 하지만 분명히, 이 스팸 게시물은 AI가 만들어 낸 이미지를 이용한다. 다친 사람들이나 곤경에 처한 사람들의 이미지를 이용해 감성을 자극하기도 하고, 약간 기분 나쁘거나 기괴한 이미지가 사용되기도 한다. 이것을 'AI 슬롭'이라고 한다.

미국 조지타운대학교와 스탠퍼드대학교의 연구진들이 분석한 결과에 따르면, 하루에 수십 번씩 정기적으로 AI 콘텐츠, 그러니까 AI 슬롭을 게시하는 페이스북 페이지 100개 이상을 조사한 결과, 다수가 사기 및 스팸에 연루되어 있다는 사실을 발견했다. 그리고 페이스북은 이러한 콘텐츠 중 일부를 사용자의 피드에 적극적으로 추천하고 있다. 이런 '낚시성' 게시물은 원래 존재했던 것이다. 문제는 페이스북이 사용자에게 '추천' 게시물을 더 많이 보여 주고 있다는 점이다.

AI Slop

이유는 '틱톡'이다. 그리고 '뉴스'다. 소셜 미디어는 이제 더 이상 '소셜' 하지 않다. 틱톡의 등장으로, 소셜 미디어는 '콘텐츠'를 소비하는 공간이 되었다. 페이스북은 이 변화에 발맞추기 위해 사용자에게 '추천' 서비스를 더 많이 제공하고 있다. 내 친구의 이야기는 점점 더 적게 보게 되고, 페이스북이 보여 주는 콘텐츠를 더 많이 보게 되었다는 얘기다. 앱을 더 오래 사용토록 하기 위한 전략이다. 게다가 페이스북이 언론사에 뉴스 사용료를 지불하지 않겠다는 정책을 고수하면서 주요 콘텐츠 중 하나였던 '뉴스'가 사라지기 시작했다.

그러니 페이스북은 사람들에게 보여 줄 다른 콘텐츠가 필요하다. 이 전략을 유지하기 위해 페이스북은 '크리에이터'를 육성하고자 한다. 페이스북에 좋은 콘텐츠를 올리면 돈을 벌 수 있다. 광고 수익을 올릴 수도 있고, 팬의 후원을 받을 수도 있다. 그런데 사람들이 만든 '좋은 콘텐츠'는 실제로는 별로 좋지 않았다. 캐나다 맥길대학교와 토론토대학교의 연구 결과에 따르면, 하루 500~800만 건에 달했던 페이스북 뉴스 조회 수를 대체한 것은 정치 관련 밈(meme) 이미지였다. 뉴스가 사라진 자리에는 조롱과 출처 불명의 소식이 들어찼다. 그리고 이제는 AI로 만들어 낸 스팸 이미지가 범람한다.

옥스퍼드대학교 AI 윤리 연구소의 카리사 벨리즈 교수는 페이스북의 작동 방식 자체에 문제가 있다고 지적한다. 페이스북이 건전한 관계를 만들거나 신뢰할 수 있는 정보를 얻을 수 있는 장소가 되지 못했다는 것이다. 그저 사람들의 관심을 끌면 '좋아요'가 늘어나고, 그것을 이용해 돈도 벌 수 있다. 실제로 AI를 이용해 어떤 이미지를 만들어 어떻게 돈을 벌 것인지, 튜토리얼 영상까지 등장하고 있다. 영상에서는 미국에서 트래픽이 발생하면 돈을 더 벌 수 있다든가,

굶주림을 주제로 이미지를 게시하는 채널이 잘된다든가 하는 정보를 세심하게 강의한다.

죽은 인터넷 이론

인터넷에 떠도는 괴담 중에 '죽은 인터넷 이론'이 있다. 지금의 온라인 세상은 이미 '봇'이 만들어 낸 데이터로 가득 차 있다는 내용의 음모론이다. 말도 안 되는 얘기 같지만, 노르웨이에서는 지난 2021년 이미 '죽은 인터넷'을 경험했다. 구글에서 무엇을 검색해도 'havfruen4220.dk'라는 도메인이 상위에 노출되는 현상이 발생한 것이다. havfruen은 덴마크어로 '인어'라는 뜻이다. 이 도메인을 클릭하면 사기 사이트로 연결되는 식이었다.
SEO(Search Engine Optimization)가 마케팅의 기법 중 하나로 통용되는 시대다. 검색 엔진 최적화, 특정 웹사이트나 콘텐츠가 구글과 같은 검색 엔진에서 더 잘 노출되도록 최적화하는 작업이다. 뒤집어 말하면, 상업적인 목적으로 검색 결과를 조작하는 행위다. 우리나라에서 네이버 맛집 검색이 신뢰를 잃어버렸던 것처럼, 해외에서도 구글에 대한 신뢰는 떨어질 수밖에 없다. 미국에서는 많은 사람들이 검색어에 'Reddit(레딧)'을 추가한다. 영미권 최대 커뮤니티다. 구글이 보여 주는 검색 결과는 믿지 못하겠으니, 커뮤니티에 올라와 있는 '진짜 의견'을 검색하겠다는 것이다. 네이버 맛집 검색어에 '엄마랑'을 추가하는 우리와 닮아 있다. 인터넷에 쓰레기가 너무 많다.

아직 인터넷은 죽지 않았다. 지금, 이 글은 사람이 쓰고 있다. 살아 있다. 하지만 최근 생성형 AI의 등장과 함께 슬롭(slop)이라는 단어가 널리 쓰이고 있다. 원래 음식물 찌꺼기나 오물 등을 의미하는 말이다. 'AI 슬롭'은 AI로 만들어 낸 의미 없는 콘텐츠들을 지칭하는 말이다. 스팸과는 다르다. 원치 않는 이메일, 메시지, 전화 통화 등을 무작위로 발신하는 것이 스팸이다. 어느 것이든 인간이 만들어 인간이 보낸다. 하지만 슬롭은 인간의 개입이 최소화된 형태다. 스스로 증식하는 오물이라고 할 수 있다. 오물의 농도가 높아지면 연못은 죽는다. 지금 페이스북이 질식해 가고 있는 것처럼 말이다.

사유

페이스북은 AI로 생성된 게시물에 표식을 붙이겠다는

입장이다. AI 생성물에 워터마크를 의무화하는 법안이 딥페이크 방지 대책으로 논의되는 것과 같은 맥락이다. 하지만 그런 표식이 괴상한 이미지의 생성과 소비를 근본적으로 막을 수 있을는지는 의문이다. 도파민을 자극하는 이미지가 AI 생성물인지의 여부는, 크게 중요한 문제가 아닐 수도 있기 때문이다. 진정성(authenticity)이 문제의 핵심이 아닐 수 있다.

AI 에이전트의 조건

AI가 인간의 비서 역할을 할 수 있을까. 아직은 아니다. AI는 사람이 아니기 때문이다. '알잘딱깔센'이 불가능하다. 학습된 내용, 지시받은 사항 밖으로 나갈 수가 없다. 그런데 만약, 사람처럼 생각하고 작동하는 AI가 가능하다면 어떨까. 인류는 그런 AI를 감당할 준비가 되어 있을까. 신아람이 썼다.

변화와 징후

변화: 오픈AI가 새로운 AI 모델인 GPT-o1을 내놨다. 애플은 UI-JEPA라는 이름의 AI 모델에 관한 연구 논문을 발표했다.

징후: 거대한 언어 데이터를 학습시켜 확률적으로 정답에 가까운 답변을 내놓는 LLM 모델의 시대가 끝나간다.

2016년 3월 AI는 인간을 뛰어넘었다. '바둑'이라는 한정된 영역이었지만, 배운 적도 없는 수를 둘 줄 아는 AI가 공개된 것이다. 출처: 구글 딥마인드

중국어 방

지난 6월 이후, AI 업계에는 가시지 않는 거품이 떠돈다.

'AI 거품론'이다. 아무도 말하지 않던 우려를 공식적으로 이야기한 곳은 골드만삭스다. 관련 보고서를 통해 AI에 막대한 투자가 이루어졌으며, 앞으로도 이루어질 것이지만, 이에 따른 수익 창출까지는 꽤나 오랜 시간이 걸릴 것이라는 전망을 내놨다. 골드만삭스의 보고서는 정확한 지점을 짚었다. 우리는 생성형 AI가 무언가 '신기한 것' 이상이기를 바란다. 농업의 시작과 증기 기관이 그랬던 것처럼, 가깝게는 인터넷과 모바일 혁명이 그랬던 것처럼 '생산성 폭발'을 이뤄 낼 것이라 기대한다. 통사적이고 전 인류적인 이 바람을 개인의 것으로 치환하자면, 나를 실질적으로 도와주는 존재로 AI가 도래하기를 원하고 있다. AI 에이전트다.

사람 같은, 사람보다 좀 더 나은 AI 개인 비서는 인류가 오랫동안 상상해 온 존재다. 대충 말해도 정확히 알아듣고, 내가 기대했던 것 이상의 결과를 내주는 AI 에이전트 말이다. 딱히 거창한 얘기가 아니다. 어머니의 생일이 언제인지 질문했는데, 내 스케줄을 고려해 적당한 레스토랑을 추천하고 어머니의 취향과 나의 통장 잔고에 걸맞은 선물을 골라 구매 사이트까지 떡하니 띄워 주는 개인 비서. 이게 바로 우리가 원하는 AI 에이전트다.

그런데 현재의 AI 모델은 그럴 수 없다. 무언가를 '알아서' 할 수 없기 때문이다. 좀 더 정확히 표현하자면, AI는 '생각'하거나 '창작'할 수 없다. 철학자 존 설의 사고 실험을 따라가 보자. 우리는 밀폐된 방 안에 갇혀 있다. 방 안에는 중국어 문답집 한 권이 있을 뿐이다. 중국어를 공부한 적 없는 우리는 그 문답집을 봐도 무슨 말인지 알 수 없다. 그런데 방 안으로 질문이 하나 투입된다. 중국어 질문이다. 여전히 무슨 말인지 알 수 없다. 하지만 문답집을 꼼꼼히 찾아보면 그 질문이 있다. 혹은 그 질문과 모양이 비슷하게 생긴 질문이 있다. 해당하는 답을 찾아 베껴 적고 문밖으로 내보낸다. 질문을 던진 사람은 규칙에 맞는 답변을 받았다.

알파고가 대단했던 이유

우리는 질문도, 답변도 이해하지 못했다. 상황의 맥락, 진실 여부 등도 전혀 알지 못한다. 하지만 질문에 답했다. 문답집에 실린 대로 했으니 아마 그럴듯한 답변일 것이다. 존 설은 이 과정이 인간의 '생각'과는 거리가 멀다고 주장한다. 현재의 생성형 AI가 주로 채택하고 있는 LLM의 정체다. 말 그대로 거대 '언어' 모델이다. 말을 잘하는 것처럼 보이지만 실제로는 그렇지 않다. LLM은 확률적으로 '말이 되는' 이야기를 만들어

답한다. 상식이나 맥락에 따라 답하는 것이 아니라, 학습한 언어 데이터에 기반해 확률적으로 그럴듯한 답변을 내놓을 뿐이다.

그래서 LLM은 알아서 뭔가를 할 수 없다. 묻지 않은 말에는 답하지 않는다. 시키지 않은 일은 하지 않는다. 말이 되는 답을 내놓으려니 우리가 흔히 '환각' 현상이라 부르는 경우도 발생한다. 곧 대중에 공개될 애플의 '인텔리전스' 또한 이러한 현상에서 벗어나지 못한다. 즉, 쓸 만한 AI 에이전트가 탄생하려면 LLM의 한계를 뛰어넘어야만 한다.

그래서 주목받는 것이 AI의 '개방성(Open-Endedness)'이다. 개방성은 투명성과는 다른 개념이다. 양 끝단이 열려 있다는 뜻이다. 시키지 않아도 일하고, 학습시키지 않아도 알아간다. 즉, 인간이 정의한 한계 안에 머물지 않고, 새롭고 예측할 수 없는 결과나 해결책을 지속적으로 생성하는 능력을 뜻한다.

우리는 이런 AI 모델을 이미 경험한 바 있다. 2016년, 이세돌 9단을 꺾었던 딥마인드의 '알파고'가 그 대표적인 사례다. 알파고는 강화 학습과 딥러닝을 통해 학습한 것 이상을 만들어 냈다. 바둑 기사들도 본 적 없는 수를 둔 것이다. 개방성의 중요성을 드러낸 역사적인 사건이다.

지금까지의 AI 모델은 주어진 문제를 해결하기 위해 만들어졌다. 질문에 답하기 위해, 텍스트 프롬프트를 이미지로 구현하기 위해, 단백질 구조 및 결합을 예측하기 위해 설계되었다. 이런 모델들은 문제의 답을 생성(Generate)한다. 특정 분야에 있어서는 인간보다 월등히 빠른 속도를 보여 주기도 하고, 환각이 없다면 실수도 하지 않는다. 전통적인 LLM으로 충분히 구현 가능하다. 그러나 인간의 '생각'을 뛰어넘지는 못한다. 인간이 차마 떠올릴 수조차 없던 것을 만들어 내놓는 행위, 창작(Create)은 하지 못한다는 얘기다. 그래서 개방성과 사고 능력을 강조한, 즉 알아서 생각하고 학습해 창작하는 AI 모델로 방향 전환이 시도되고 있다.

가장 눈에 띄는 움직임은 오픈AI의 o1이다. 학습이 아니라 추론에 방점을 뒀다. 사람이 복잡한 수학 문제를 풀어 갈 때와 마찬가지로 주어진 문제를 작은 단계로 나누어 차근차근 풀어 나간다. CoT(Chain-of-Thought) 방식이다. 복잡한 문제에 관한 풀이 과정, 즉 추론의 각 단계를 중심으로 훈련하므로 기존의 결과 중심의 훈련 방식과는 다르다. 정답을 외우던 학습 방법에서 문제 풀이 방법을 알아가는 학습 방법으로 바뀐 것이다. 즉, 문제 해결 능력을 갖춘 AI 모델이란 얘기다. 애플이 개발 중인 AI 모델, 'UI-JEPA'는 스마트폰의 UI를 매개체로 사용자의 의도를 파악하는 것을 목적으로 한다. 메타 AI의 얀 르쿤 수석 과학자가 발표한 '자가 지도 학습 방식(JEPA, Joint Embedding Predictive Architecture)'을 기반으로 한다. JEPA의 핵심은 '월드 모델'이다. 얀 르쿤은 월드 모델을 구축한다는 것이 "세계를 관찰하고 왜 세계가 지금과 같은 방식으로 진화하고 있는지를 이해하는 것"이라고 설명한다. 쉽게 말하자면 이 세계가 인간의 행동으로 인해 어떻게 변화할지, 그 작동 원리와 맥락을 이해하는 것이다. 애플의 'UI-JEPA'가 세계를 이해한다면 어떻게 될까. 어머니의 생일이 언제인지 질문한 사용자의 의도를 이해하게 될 것이다. 내 스케줄을 고려해 적당한 레스토랑을 추천하고 어머니의 취향과 나의 통장 잔고에 걸맞은 선물을 골라 구매 사이트까지 떡하니 띄워줄 수 있게 된다. 진정한 AI 에이전트의 시작점이 될 수 있다.

AI의 개방성은 양날의 검이 될 수 있다. 인간에 준하는, 혹은 인간을 뛰어넘는 AI가 시키지도 않은 일을 '알아서' 할 수 있으면, AI는 인류의 통제를 벗어나게 된다. 오늘은 사용자의 의도를 읽고 알아서 어머니 선물을 추천했지만, 내일은 알아서 어떤 일을 할지 알 수 없게 된다. 게다가 AI가 학습된 데이터를 조합해 결과물을 '생성'하는 수준이 아니라 인간의 상상력을 뛰어넘는 '창작'의 영역까지 진입하게 된다면, AI는 이미 스스로 인식하고 결정하는 존재가 된다. AI가 돈이 되길 원하는 인류는 '지능의 폭발'을 원한다. 그리고 공상 과학 소설에서 주로 접해 왔던, 인간을 뛰어넘는 비인간 존재를 기다린다. AGI(Artificial General Intelligence)다. 이러한 비인간 존재와 우리는 공존할 준비가 되었을까.

The Great Game

'The Great Game' 시리즈는 정치와 국제 관계, 힘의 문제를 다룬다. 정치 이슈는 정치 현장에만 있는 것이 아니다. 국내, 국제 정치 현안과 더불어 힘의 문제에 주목한다. 누가 권력을 가지고 있는지, 그 권력을 이용해 무엇을 하려고 하는지에 관심을 기울인다. 무거운 주제를 캐주얼한 문장으로 풀어낸다.

프래킹이 미국 대선을 좌우한다

해리스냐, 트럼프냐. 오는 11월 미국 대선에서 누가 당선되느냐에 따라 전 세계 기후 대응의 방향과 속도가 달라진다. 그런데 미국 대선의 향방을 프래킹이 결정지을 수 있다. 이연대가 썼다.

대선 이슈가 된 프래킹

오는 11월 미국 대선을 앞두고 프래킹(fracking)이 이슈가 되고 있습니다. 트럼프는 해리스가 대통령이 되면 프래킹을 금지할 거라고 주장하고, 해리스는 그렇지 않다고 반박합니다. 그럼 다시 트럼프는 해리스가 지금은 아니라고 해도 당선되면 말을 바꿀 거라고 하죠. 프래킹은 우리말로 풀이하면 수압 파쇄법입니다. 수압으로 암반을 파쇄해 셰일 가스를 캐내는 기술입니다.

셰일(Shale)은 진흙이 쌓여서 굳어진 퇴적암의 일종입니다. 이 지층에 넓게 '퍼져 있는' 천연가스와 석유를 셰일 가스라고 합니다. 일반적인 석유 시추 작업은 빨대를 꽂는 것과 비슷합니다. 땅속 깊이 묻혀 있는 석유는 물보다 가벼워서 점차 위로 이동합니다. 그러다 단단한 암석층을 만나면 더 이상 위로 올라오지 못하고 그 자리에 고이게 됩니다. 이런 곳을 유전(油田)이라고 하죠. 여기에 빨대처럼 시추관을 꽂아 석유를 뽑아 냅니다.

그런데 셰일 가스는 우물처럼 한군데 모여 있지 않고 넓게 퍼져 있습니다. 그래서 다른 시추 기술이 필요한데요, 이 기술이 프래킹입니다. 먼저, 드릴을 이용해 수직으로 땅을 파고 내려갑니다. 몇 킬로미터쯤 내려가 셰일층에 닿으면 드릴 방향을 수평으로 바꿔 또 몇 킬로미터를 팝니다. 그렇게 수평으로 낸 통로에 모래와 물과 화학 물질을 섞은 혼합물을 고압으로 분사합니다. 그럼 셰일층이 파쇄되면서 셰일 가스가 나옵니다. 이걸 모아 땅 위로 올려보내죠.

2000년대 중반 미국에서는 '셰일 혁명'이 일어났습니다. 세 가지 요소가 맞물리면서 셰일 산업이 폭발적으로 성장했습니다. 첫째, 프래킹 기술이 이 시기에 비약적으로 발전했습니다. 둘째, 셰일 가스는 생산 단가가 중동산 원유보다 비싸서 채산성이 없었는데, 국제 유가가 뛰면서 해볼 만한 사업이 됐습니다. 셋째, 당시 오바마 정부가 셰일 가스를 석탄의 대체재로 적극 지원하면서 월가의 자금이 셰일 업계로 흘러들었습니다.

"우리에게는 100년간 쓸 수 있는 새로운 형태의 가스가 있습니다." 2012년 1월 오바마 대통령이 연두 교서에서 셰일 가스를 두고 한 말입니다. 그로부터 6년 뒤인 2018년 오바마의 말처럼 미국은 세계 최대 산유국이 됩니다. 이후 현재까지 6년 연속 세계 원유 생산 1위 자리를 지키고 있습니다. 지금 미국은 러시아, 사우디아라비아보다 원유를 많이 생산하는 나라입니다. 셰일 가스 덕분입니다.

셰일 혁명으로 미국 내에 수백 만 개의 일자리가 생겼고, 에너지 가격이 낮아졌고, 제조업이 살아났고, 천연가스가 석탄을 대체하면서 석탄 발전 비중이 50퍼센트에서 30퍼센트로 줄었습니다. 셰일 가스는 국제 정세에도 큰 영향을 미쳤습니다. 아무리 초강대국 미국이라 해도 기름으로 굴러가는 나라다 보니 산유국의 눈치를 조금은 봐야 했는데, 원유 순수출국이 되면서 거칠 것이 없어졌습니다. 이란과 베네수엘라 제재를 끝까지 밀어붙일 수 있게 됐죠.

그런데 셰일 가스에도 문제는 있었습니다. 프래킹이 미국 전역으로 확산하면서 대기와 수질을 오염시킨다는 연구가 나오기 시작합니다. 프래킹에 사용되는 화학 물질이 지하수로 흘러들어 수질을 오염시키고, 프래킹 과정에서 이산화탄소보다 25배 이상 강력한 온실 효과를 일으키는 메탄이 발생한다는 지적이었습니다. 또한 석유와 가스를 캐낼 때 셰일층을 파쇄하기 때문에 지반 침하의 우려도 제기됐고요.

문제는 또 있습니다. 현재 미국에는 프래킹 공정을 이용하는 유정이 170만 개가 있습니다. 이 유정은 심해 유정처럼 도시와 멀리 떨어져 있지 않습니다. 마을 안에 유정이 있는 경우도 있습니다. 유정에서 불과 몇백 미터 옆에 가정집이 있고 놀이터가 있고 학교가 있죠. 전통적인 시추에 비해 프래킹은 독성 대기 오염 물질을 더 많이 배출하는 것으로 알려져 있습니다. 주민 건강에도 악영향을 미치죠.

캘리포니아주 법무장관

2016년 캘리포니아주에서도 새로운 프래킹 작업이 시작될 참이었습니다. 앞서 소개드렸듯 당시 오바마 정부는 셰일 가스에 진심이었습니다. 셰일 가스가 석탄을 대체하고, 산유국의 영향력도 낮출 수 있다고 판단해 프래킹을 장려했습니다. 대형 석유 회사들이 캘리포니아 산타바바라 해안에서 프래킹을 추진할 수 있게 했죠.

캘리포니아주 환경 단체는 제대로 된 환경 영향 평가 없이 해안에서 프래킹을 하는 것에 이의를 제기하는 소송을 제기했지만, 2016년 5월 미국 내무부는 프래킹이 지역 환경에 '유의미한 영향을 끼치지 않는다(Finding of No Significant Impact)'는 내용의 환경 영향 평가 보고서를 내놓습니다. 그동안 환경 단체와 조사 기관들이 내놓은 연구 결과와 상당히 다른 주장이었죠.

결국 2016년 12월 캘리포니아주 법무장관이 오바마 행정부를 상대로 소송을 제기합니다. 프래킹의 환경적 영향과 위험을 연방 정부가 제대로 파악하지 못한 것은 국가환경정책법과 연안지역관리법 위반이라는 이유였습니다. 그러면서 연방 정부의 지난 환경 영향 평가 결과를 무효화하고, 재평가가 이뤄질 때까지 프래킹 작업을 중단해야 한다고 주장했습니다. 주 법무장관은 성명을 통해 "우리는 소중한 해안과 바다를 보호하기 위해 가능한 모든 조치를 취해야 한다"면서 "미국 내무부의 부적절한 환경 평가는 캘리포니아 지역 사회의 건강과 복지에 위협이 될 수 있는 프래킹과 같은 관행으로 이어질 것이다"라고 말했습니다.

결국 연방 지방 법원은 연방 정부가 멸종 위기종 보호와 해안 관리 의무를 해결할 때까지 태평양 연안에서 새로운 프래킹을 금지하는 가처분 명령을 내렸습니다. 환경 단체들은 환호했죠. 당시 오바마 정부에 소송을 제기한 캘리포니아주 법무장관이 지금 민주당 대선 후보인 카멀라 해리스입니다. 해리스는 2019년 대선 캠페인 때도 프래킹을 금지해야 한다는 입장이었죠.

그랬던 해리스가 지난 8월 29일 CNN 인터뷰에서 대통령에 당선되면 프래킹을 금지하지 않겠다고 밝혔습니다. 해리스는 입장이 바뀐 사실도 인정했습니다. 그러면서도 "내 가치관은

변하지 않았다. 프래킹을 금지하지 않고도 성장하고 번영하는 청정 에너지 경제를 늘릴 수 있다"고 주장했습니다. 아주 틀린 말은 아니지만, 어딘지 석연치 않습니다. 무엇이 해리스를 달라지게 했을까요. 격전지 펜실베이니아 때문입니다.

당락을 결정하는 주, 펜실베이니아

오는 11월 5일 미국 대선이 열리는데요, 엄밀히 말하면 이날 유권자들은 직접 대통령을 뽑지는 않습니다. 대통령을 선출할 주별 선거인단을 뽑습니다. 투표용지에서 대선 후보 A에게 기표를 해도, 실제로는 A에게 투표하기로 약속한 선거인단 후보를 뽑는 겁니다. 이렇게 선출된 선거인단은 한 달쯤 뒤에 2차 투표를 합니다. 자신이 찍기로 한 후보에게 투표하고, 주별 투표 결과를 워싱턴DC로 보냅니다. 이 투표에서 과반을 확보한 후보가 대통령이 됩니다.
결국 미국 대통령 선거는 얼마나 많은 선거인단을 확보하느냐에 달려 있습니다. 선거인단은 총 538명입니다. 하원의원(435명)과 상원의원(100명) 숫자를 합한 535명에 워싱턴DC 선거인단 3명을 더한 숫자입니다. 대통령에 당선되려면 선거인단의 과반인 270명 이상을 확보해야 합니다.

선거인단 수는 주마다 다릅니다. 주마다 상원의원 수는 2명으로 같지만, 하원의원 수는 인구에 비례하기 때문입니다. 3900만 명이 거주해 미국에서 인구가 가장 많은 주인 캘리포니아의 선거인단 수는 상원의원 수 2명에 하원의원 수 53명을 더한 55명입니다. 반면 58만 명이 거주해 알래스카주보다 인구가 적은 와이오밍주의 선거인단은 상원의원 2명에 하원의원 1명을 더한 3명입니다.

선거인단 제도도 낯설지만, 미국 대선의 가장 독특한 점은 승자 독식(winner-takes-all)이라는 겁니다. 각 주에서 승리한 후보가 그 주에 배정된 선거인단 표를 모두 가져갑니다. 예를 들어 캘리포니아주에서 해리스가 51퍼센트, 트럼프가 49퍼센트를 득표한다면, 해리스가 선거인단 55명을 모두 가져갑니다.

우리나라 선거 제도와는 많이 다릅니다. 어찌 보면 좀 비합리적이기까지 합니다. 이 때문에 2016년 대선에서 힐러리는 트럼프보다 300만 표를 더 받고도 낙선했죠. 미국이 간접 선거와 승자 독식을 채택한 이유는 미국 건국 당시 지도자들이 각 주의 대표성과 인구 비례가 모두 존중되기를 바랐기 때문입니다. 이런 방식을 택하면 인구가 적은 주도

연방 선거에 어느 정도 영향력을 행사할 수 있으니까요.
민주당은 전통적으로 미국 동부와 서부 지역에서 지지세가 강합니다. 공화당은 중부와 남부 지역에서 강세죠. 이 지역에선 지지율 차이가 오차 범위 밖이라 사실상 선거인단을 이미 확보한 것이나 마찬가지입니다. 미국 대선 사이트 '270 투 윈(270towin)'에 따르면 9월 7일 기준으로 해리스는 선거인단 226명 확보가 유력하고, 트럼프는 219명 확보가 유력합니다. 남은 선거인단 숫자는 93명인데요, 결국 이런 경합 주(swing state)에서 대선 승패가 갈리게 됩니다.
현재 경합 주는 7곳입니다. 애리조나, 조지아, 미시간, 네바다, 노스캐롤라이나, 펜실베이니아, 위스콘신주입니다. 이들 경합 주에서 해리스와 트럼프의 지지율을 같거나 1~2퍼센트포인트 이내입니다. 소숫점 자리까지 가서 승패가 결정될 수도 있습니다. 차이가 아무리 근소해도 승자가 선거인단을 독식합니다. 그래서 경합 주 중에서도 펜실베이니아가 가장 중요합니다. 선거인단이 19명으로 가장 많기 때문입니다.
그러다 보니 펜실베이니아는 격전지 중의 격전지가 되고 있습니다. 선거 광고비만 봐도 그렇습니다. 바이든이 민주당 후보에서 사퇴한 다음 날인 7월 22일부터 8월 12일까지 해리스 측은 펜실베이니아에 광고비로 2120만 달러를 썼습니다. 트럼프도 2090만 달러를 쏟아부었고요. 양 진영이 7개 경합주에 집행한 총 광고비 1억 1000만 달러의 38퍼센트가 펜실베이니아에 집중됐습니다.

이런 펜실베이니아의 표심을 가르는 중대 이슈가 바로 프래킹입니다. 펜실베이니아주는 텍사스주에 이어 두 번째로 큰 천연가스 생산 주입니다. 10만 명이 넘는 사람이 셰일 가스 산업에 종사하고 있습니다. 프래킹 금지에 민감할 수밖에 없겠죠. 해리스는 펜실베이니아에 걸린 19표를 가져오기 위해 프래킹 금지에서 찬성으로 입장을 바꿨지만, 트럼프는 정치인은 결국 처음 생각으로 돌아오기 마련이라며 공격을 멈추지 않고 있습니다.

펜실베이니아는 2016년 대선 때 트럼프가 힐러리에게 승리했던 지역입니다. 2020년 대선에서는 바이든이 탈환에 성공했죠. 바이든이 펜실베이니아에서 승리한 데에는 여러 이유가 있지만, 그중 하나는 바이든이 펜실베이니아 출신이라는 겁니다.

이번 대선 역시 펜실베이니아를 가져가는 후보가 승리할 가능성이 높습니다. 해리스는 부통령 후보 지명을 검토할 때 조시 샤피로 펜실베이니아 주지사를 잠시 검토하기도 했지만, 결국 팀 월즈 미네소타 주지사를 낙점했죠. 월즈 부통령 후보는 털털한 이미지로 인기를 끌고 있지만, 어차피 선거 승패는 펜실베이니아로 대표되는 경합 주가 결정합니다. 프래킹 이슈가 불거진 상황에서 해리스의 부통령 선택이 패착이 될 수도 있습니다.

드릴, 베이비, 드릴

대선을 앞두고 입장을 바꾼 해리스와 달리, 트럼프는 프래킹에 줄곧 찬성해 왔습니다. 공화당 전당 대회에서 트럼프는 "드릴, 베이비, 드릴(Drill, baby, drill)"이라고 했죠. 석유를 더 캐자는 말입니다. 트럼프는 이 슬로건을 유세 현장에서 반복적으로 사용하며 자신의 에너지 정책을 설파하고 있습니다. 트럼프는 미국의 발밑에 액체 금(liquid gold), 즉 석유가 잔뜩 매장돼 있으니 석유를 더 써야 한다고 말합니다.

트럼프와 그의 러닝메이트 JD 밴스는 기후 변화 회의론자입니다. 기후 변화가 인간에 의해 생기는 게 맞는지, 아니면 아예 존재하기는 하는 건지 의심합니다. 트럼프는 바이든이 "녹색 사기극"에 수조 달러를 썼다면서 재집권에 성공하면 재생 에너지와 전기차 등에 보조금을 지원하는 인플레이션 감축법(IRA)과 관련한 규제와 지출을 대부분 철회하겠다는 의사를 분명히 밝히고 있습니다.
트럼프의 반기후 공약은 말로 끝나지 않을 겁니다. 트럼프는 집권 1기 때 기업 활동 방해가 된다면서 파리 협약에서 탈퇴했고, 전임 정부의 환경 규제 정책을 원점으로 되돌렸습니다. 반면 해리스는 프래킹에 관한 입장을 바꾸긴 했지만, 트럼프보다 기후 친화적입니다. 민주당 전당 대회 수락 연설에서 "깨끗한 공기를 마시고, 깨끗한 물을 마시고, 기후 위기를 부추기는 오염으로부터 자유롭게 살 수 있는 자유"를 언급하기도 했죠.
두 후보의 기후 정책을 종합하면 이렇습니다. 해리스는 신재생 에너지에 예스라고 하지만, 화석 연료에 노라고 하지 못합니다. 트럼프는 신재생 에너지에 노라고 하고, 화석 연료에 예스라고 합니다. 지구를 위해서는 해리스가 트럼프보다 조금 더 낫습니다.
9월 10일 해리스와 트럼프 간 첫 TV 토론이 열립니다. 공교롭게도 토론이 열리는 곳은 펜실베이니아주 필라델피아입니다. 미·중 갈등, 인플레이션, 이스라엘-하마스 전쟁, 러시아-우크라이나 전쟁, 총기 규제, 낙태 등 많은 이슈가 나올 텐데요, 이날 두 후보의 기후 정책을 비교하는 것도 관전 포인트가 될 겁니다.
누가 대통령이 되느냐에 따라 국제 사회의 기후 대응 노력 수위가 달라질 수 있습니다. 미국의 기후 정책과 국제 사회의 기후 정책을 팔로우업하지 않아도 그 변화를 체감하기는 어렵지 않을 겁니다. 멀리 갈 것 없이 당장 우리의 내년 여름이 달라질 테니까요.

누가 삐삐에 폭탄을 심었나

이스라엘과 헤즈볼라의 전면전이 임박했다. 전쟁의 서막을 연 것은 '삐삐 테러'였다. 일상 속 전자 기기가 살상 무기가 됐다. 이스라엘은 어떻게 헤즈볼라 대원들의 무선 호출기에 폭탄을 설치했을까. 이연대가 썼다.

첩보 영화에나 등장할 법한 일이 실제로 벌어졌습니다. 레바논 무장 정파 헤즈볼라가 대낮에 기습 공격을 받았습니다. 드론이나 미사일 공격이 아니라 무선 호출기와 무전기 공격이었습니다. 9월 17일 오후 3시 30분경 레바논 전역에서 무선 호출기 수천 대가 거의 동시에 폭발했습니다. 12명이 숨지고 2800명이 다쳤습니다.

9월 17일 오후 3시 30분께 레바논 수도 베이루트의 슈퍼마켓에서 무선 호출기가 폭발해 한 남성이 쓰러지는 모습이 CCTV에 포착됐다. 출처: Voice of America

다음 날에는 같은 방식으로 무전기가 터지면서 25명이 숨지고 600명이 다쳤습니다.

'삐삐 테러'는 그야말로 충격이었습니다. 《뉴욕타임스》는 "파괴 공작의 새로운 시대"라고도 했죠. 도심 한가운데서 일상 속 전자 기기가 살상 무기로 쓰였으니까요. 피해자들은 대개 허리춤에 호출기를 차고 있었습니다. 3시 30분에 삐삐 소리가 울렸습니다. 헤즈볼라 지휘관의 메시지가 도착했다는 알림이었는데, 가짜 메시지였습니다. 피해자들이 메시지를 확인하려고 호출기를 얼굴로 가져가는 순간, 호출기가 폭발했죠. 베이루트아메리칸대학교의 외과 의사에 따르면 부상자의 90퍼센트 이상이 눈과 손끝에 부상을 입었다고 합니다.

전문가들은 호출기에 군용 플라스틱 폭발물이 설치된 것으로 추정합니다. 손바닥 반만 한 크기의 호출기에 폭발물을 담아 봤자 얼마나 담겠냐 싶지만, 폭발물의 충격량을 결정하는 핵심 요인은 근접성입니다. 폭발물을 5그램 정도만 담아도 머리와 배 가까이에서 터뜨리면 치명상을 입힐 수 있습니다. 소식통에 따르면 호출기 내부에는 강력한 폭발물인 펜타에리트리톨 테트라니트레이트(PETN)가 1~3그램 담겨 있던 것으로 전해집니다.

이번 테러가 더 끔찍한 건 시간차 공격에 있습니다. 목격자들은 호출기가 메시지 수신음을 낸 다음, 몇 초간

멈췄다가 폭발했다고 말합니다. 공격 타깃이 호출기를 얼굴 가까이 가져갈 시간 여유를 준 겁니다. 또한 헤즈볼라 지도부의 가짜 메시지 수신 이후 폭발한 것으로 미뤄 볼 때 특정 메시지를 받으면 폭발하도록 설계돼 있던 것으로 보입니다. 헤즈볼라 대원들이 호출기를 수령하기 전에 누군가 호출기 내부에 폭약을 심고 폭발 조건을 설정한 거죠.

헤즈볼라는 공격 배후로 이스라엘을 지목하고 있습니다. 이스라엘은 인정도 부정도 하지 않고 있죠. 이번 폭탄 테러가 어떻게 이뤄졌는지 전말이 밝혀지려면 몇 년이 걸릴 수 있습니다. 정보기관이 주도한 일이라면 수십 년이 흘러도 여전히 미스테리한 사건으로 남을 수 있습니다. 하지만 요며칠 서방과 중동 언론의 취재를 종합하면, 이스라엘 해외 정보기관인 모사드가 이번 테러를 최소 수년간 준비해 실행에 옮긴 것으로 보입니다.

〈악시오스〉에 따르면 요아브 갈란트 이스라엘 국방장관은 호출기가 폭발하기 몇 분 전에 로이드 오스틴 미국 국방장관에게 전화를 걸어 레바논에서 작전이 곧 시작된다고 알렸다고 합니다. 갈란트 국방장관은 작전의 구체적인 내용은 밝히지 않았지만, 미국이 전혀 모르는 상황은 피하려고 한 것으로 보입니다. 이 보도를 미국과 이스라엘, 양측 모두 부인하지 않고 있으니 이번 테러를 이스라엘이 자행한 건 분명해 보입니다.
이스라엘이 일상 속 전자 기기를 이용해 타깃을 제거한 건 이번이 처음은 아닙니다. 1996년 하마스의 폭발물 전문가 야히아 아이야시를 암살할 때도 핸드폰을 활용했죠. 당시 가자 지구에 있던 야히아 아이야시는 서안 지구에 있는 아버지와 통화를 하다가, 폭발물이 설치된 핸드폰이 폭발해 사망했습니다. 이스라엘의 국내 정보기관인 신베트가 주도한 표적 암살이었습니다. 비슷한 방식의 공격을 이번에는 해외 정보기관인 모사드가 수천 명을 대상으로 감행한 거죠.

아폴로 AR924

호출기에는 카메라와 마이크가 없습니다. 도청할 수 없죠. GPS가 없어서 사용자의 위치도 추적할 수 없습니다. 구식 기술이지만 첨단 기술보다 해킹 위험이 적습니다. 그러나 이번 테러에서 호출기의 운영 체제는 안전했을지 몰라도, 공급망은 안전하지 않았습니다. 헤즈볼라는 미국, 영국, EU, 일본 등 여러 국가에서 테러 조직으로 지정돼 있습니다. 정상적인 무역이 불가능합니다. 결국 제3국을 통해 우회적으로 호출기를 구해야 했습니다.
이번 테러에 사용된 호출기는 언제 어디서 어떻게 만들어졌을까요. 폭발한 호출기 잔해에는 대만 회사의 스티커가 붙어 있었습니다. 골드 아폴로(Gold Apollo)라는 회사에서 만든 AR924 모델이었습니다. 사건 발생 후 대만 회사는 성명을 내고 헤즈볼라 대원들이 사용하는 호출기를 제조한 적이 없다고 밝혔습니다. 대만 회사는 "우리는 3년 전에 BAC 컨설팅이라는 회사에 우리 상표를 쓸 수 있는 라이선스를 내줬고, 실제 제품 설계와 제조는 BAC 컨설팅이 담당한다"고 했습니다.
BAC 컨설팅은 2022년에 설립된 회사로 헝가리 부다페스트에 있습니다. 영국 BBC가 그 회사에 가봤더니, 회사 주소지를 다른 12개 회사와 공유하고 있었고, 그 건물에 있던 다른 회사 사람들은 BAC 컨설팅에 대해 모르고 있었습니다. '페이퍼 컴퍼니'였던 겁니다. BAC 컨설팅은 직원 한 명, 주주 한 명인 1인 기업입니다. 유일한 직원이자 주주이자 대표는 서구식 이름으로 크리스티나 바르소니-아르시디아코노입니다. 헝가리 이름은 우리나라처럼 성을 앞에 두는데, 저 이름을 성-이름 순서로 바꾸면 바르소니-아르시디아코노 크리스티나입니다. 약자로 하면 BAC입니다.

대표의 링크드인 프로필을 보면 런던정치경제대학교(LSE)를 졸업했고, 헝가리어와 이탈리어를 모국어로 한다고 돼 있습니다. 프로필에는 이렇게 적혀 있습니다. "저희는 고객의 혁신, 지속 가능성, 형평성을 향한 여정을 안내하는 심층적인 컨설팅을 제공하는 동시에 연결성과 진정성을 보장합니다. 주요 서비스는 비즈니스 개발, 경영 컨설팅, 전략 및 파트너십 기획입니다." 회사 소개를 들으면 무슨 일을 하는 회사인지 더 묘연합니다.

NBC의 취재에 따르면 BAC 컨설팅 대표는 골드 아폴로와 제휴를 맺었다는 사실은 인정했습니다. 그러나 이번 삐삐 테러와의 직접적인 관련은 부인했죠. 자사 호출기와 폭발 사건의 관련을 묻자 "나는 호출기를 만들지 않는다. 나는 그저 중개자일 뿐이다"라고 답했습니다. 실제로 헝가리 정부 관계자는 문제의 호출기가 헝가리에서 제조되지 않았고, BAC 컨설팅은 헝가리 내 제조 시설을 보유하고 있지 않다고 밝혔습니다. BAC 컨설팅이 단순 중개자라면 엮여 있는 또 다른 회사가 있다는 얘기겠죠.

그 회사는 불가리아에 소재한 노타 글로벌(Norta Global)일지 모릅니다. 이 불가리아 회사가 헝가리로 160만 유로를 송금한 사실이 드러났습니다. 불가리아 정보 당국과 노르웨이 경찰은 노타 글로벌이 BAC 컨설팅을 중개책으로 사용해 헤즈볼라에 호출기를 판매했을 가능성을 조사하고 있습니다. 노타 글로벌은 2022년 4월에 설립됐는데, 소유자는 인도에서 태어나 노르웨이 시민권을 갖고 있는 린슨 호세라는 인물입니다. 이 회사 역시 실체가 불분명합니다. 린슨 호세는 현재 소재가 파악되지 않고 있습니다. 그는 오슬로 외곽의 아파트에 사는데 창문에는 블라인드가 쳐 있고, 이웃 주민들은 그를 몇 달간 보지 못했다고 합니다.

여기까지 종합하자면, 테러 주도자들은 호출기를 만든 사람의 신원을 숨기기 위해 현재까지 밝혀진 것만 최소 두 개의 페이퍼 컴퍼니를 동원했습니다. 회사가 페이퍼 컴퍼니인 걸 들키지 않으려고 일반 고객에게는 정상적인 호출기를 납품하기까지 했습니다. 《뉴욕타임스》의 지적처럼 이번 삐삐 테러는 "복잡하고 오랜 과정을 거친" 이스라엘의 작전일 가능성이 큽니다. 모사드는 최소 3년 전부터 유럽 각국에 가짜 회사를 운영하며 이번 테러를 준비한 겁니다.

삐삐 테러 다음 날에는 무전기가 폭발했죠. 이 무전기는 일본 회사 아이콤(Icom)이 만든 IC-V82 모델로 알려졌습니다. 그런데 아이콤은 2014년 이후 이 모델을 생산하지 않았고, 모든 제품을 일본 내 공장에서 생산한다고 밝혔습니다.

그러나 중동 지역에서 위조품이 광범위하게 유통되고 있다고 합니다. 헤즈볼라는 5개월 전에 이 장비를 구매한 것으로 전해집니다. 종합하면, 이 제품은 위조품이고 호출기와 마찬가지로 이스라엘이 공급망에 개입해 만들었을 가능성이 큽니다.

정보전

폭발한 호출기를 헤즈볼라가 입수한 건 올해 2월로 추정됩니다. 당시 헤즈볼라의 수장 하산 나스랄라는 "스마트폰은 치명적인 이스라엘 요원"이라는 내용의 연설을 했습니다. 대원들에게 모사드가 스마트폰을 해킹해 정보를 빼갈 수 있으니 핸드폰 사용을 중단하라고 지시했습니다.
이 무렵 레바논에서는 이스라엘 공군이 핸드폰 사용자의 위치를 추적해 사살하는 영상이 유포되면서 피처폰 수요가 급증했습니다. 헤즈볼라가 대원들에게 나눠 줄 호출기 5000대를 주문한 것도 이때였죠.
이스라엘의 작전이 성공하려면 두 가지 조건이 전제돼야 합니다. 헤즈볼라가 사용할 호출기에 폭발물을 설치하는 것, 헤즈볼라가 호출기를 쓰게 하는 것. 둘 다 어려운 작업이지만, 그나마 전자가 더 쉬워 보입니다. 어쨌거나 페이퍼 컴퍼니들을 세워서 적이 미끼를 물 때까지 기다리면 되니까요. 그러나 후자는 헤즈볼라 지도부의 마음을 움직여야 하는 일입니다.

외교적 부담을 지면서까지 국외에 최소 두 개 이상의 페이퍼 컴퍼니를 설립해야 하는 복잡다단한 작전의 성패를 모사드가 단지 운에만 의존하지는 않았을 겁니다. 그래서 일각에서는 레바논에서 핸드폰의 해킹 위험 소문을 퍼뜨린 게 모사드라는 주장이 나옵니다.

최근 중동에서는 이스라엘이 스마트폰을 해킹해 카메라와 마이크를 몰래 작동시켜 사용자를 감시한다는 소문이 퍼졌는데, 이 소문의 진원지가 모사드라는 거죠. 모사드가 작정하고 유포한 소문이 확산하며 헤즈볼라 수장의 귀에까지 들어갔고, 결국 대원들이 스마트폰을 버리고 호출기와 무전기를 도입하게 됐다는 겁니다.

어디까지가 사실인지 아직 확인되지 않았지만, 이스라엘이 엄청난 수준의 정보력을 보유한 것만은 분명합니다. 전·현직 모사드 관련자 200여 명을 인터뷰해 모사드의 공작 활동을 기록한 책 《기드온의 스파이》를 보면 이보다 더한 정보전도 나옵니다. 모사드는 빌 클린턴 대통령과 '부적절한 관계'를 맺고 있던 모니카 르윈스키의 아파트를 도청해 둘의 성적인 통화 내용을 녹음해서 본국으로 보냅니다. 이 녹음 테이프를 당장 쓸 일은 없지만, 혹시라도 미국과 외교적 마찰이 생길 경우 클린턴을 압박하려고 한 거였죠. 물론 백악관 측은 도청된 사실을 부인하고 있습니다.

전면전의 서막

그런데, 왜 하필 지금이었을까요. 헤즈볼라 대원들의 허리춤에 잠재적인 폭탄을 이미 달아 놨는데, 왜 지금 터뜨려야 했을까요. 두 가지 가능성이 있습니다. 헤즈볼라는 이스라엘-하마스 전쟁이 터진 직후부터 하마스와 연대를 표명하며 레바논과 이스라엘의 접경 지역인 이스라엘 북부에 로켓을 날려 왔습니다. 이스라엘은 이 지역 주민 6만 명을 대피시켰고, 이들은 아직 집으로 돌아가지 못하고 있습니다. 9월 16일 이스라엘은 가자 지구 전쟁의 목표를 이스라엘 북부 주민들의 귀환으로 확대했습니다. 그리고 다음 날 삐삐 테러를 감행했습니다. 전면전을 앞두고 헤즈볼라가 제대로 반격할 수 없도록 전투원과 군사 통신 체계를 무력화한 것이라는 분석입니다.

또 하나의 가능성은 당초 이 작전을 지금 실행할 생각은 없었지만, 작전이 폭로될 위험이 있어 지금이 아니면 못할 수 있었다는 겁니다. 〈악시오스〉가 미국 관리를 인용해 보도한 바에 따르면 이스라엘 총리 베냐민 네타냐후와 정보 당국은 헤즈볼라가 호출기 작전을 간파할 위험이 있다고 판단해 당장 작전을 개시하기로 했다고 합니다. 실제로 중동 언론 〈알 모니터〉는 헤즈볼라 대원 두 명이 최근 호출기에 대한 의심을 제기했다고 보도하기도 했습니다.

그러나 어떤 경우든 이번 공격은 전쟁이 아니라 테러였습니다. 국제 사회는 폭발물을 담기 위해 특별히 설계되고 제작된 겉보기에 무해한 휴대용 물체 형태의 부비트랩이나 기타 장치를 사용하는 것을 금지하는 협약을 맺었습니다. 이스라엘도 이 협약의 가입국입니다. 그러나 이스라엘은 겉보기에 무해한 호출기와 무전기에 폭발물을 설치하고, 민간인이 피해를 입을 수 있다는 걸 알고도 폭발 스위치를 눌렀습니다. 슈퍼마켓이나 이발소 같은 일상의 장소에서 많은 민간인이 피해를 입었습니다. 어린이 두 명이 목숨을 잃기도 했고요. 명백한 전쟁 범죄입니다.

이스라엘-하마스 전쟁이 발발한 지 1년이 다 되어 갑니다. 조 바이든 미국 대통령이 중재하는 평화 협정의 핵심은 단계적

철군인데, 네타냐후는 가자 지구에서 철군할 마음이 없어 보입니다. 오히려 북부로 전선을 넓히고 있습니다. 부패 혐의로 재판을 받는 네타냐후는 극우 정당들과 연정을 꾸려 총리가 됐습니다. 전쟁을 멈추면 연정 파트너들이 지지를 철회해 다시 총선이 치러질 수 있습니다. 총리 자리를 잃으면 수감될 수 있습니다. 즉 전쟁을 유지하는 게 네타냐후에겐 정치적으로 유리합니다.

한편 미국 국무부는 9월 21일 레바논을 여행 금지 지역으로 지정하고, 자국민에게 위기 발생 전에 레바논을 떠나라고 권고했습니다. 더 큰 전쟁이 오고 있습니다.

피처

단편 소설처럼 잘 읽히는 피처 라이팅을 소개한다. 기사 한 편이 단편 소설 분량이다. 깊이 있는 정보 습득이 가능하다. 내러티브가 풍성해 읽는 재미가 있다. 정치와 경제부터 패션과 테크까지 고유한 관점과 통찰을 전달한다.

농업의 종말

영국의 사회적 이슈로 떠오른 생태 복원의 모토는 "땅은 그대로 내버려 둬야 한다"라는 것이다. 이것은 땅을 효과적으로 경작하고 개간해 온 인류의 오랜 노력과 상충한다. 농업에 대한 인식 변화는 더욱더 극적이다. 농업 생산성의 증가가 시민들의 삶을 개선해 줬다고 추앙받아 왔다면, 이제는 생산성의 향상을 가져온 과학적 도전들이 환경 오염의 주범으로 지탄받고 있다. 기존의 농업이 종말을 앞두고 있는 지금, 그로 인한 식량 부족 등의 민감하고 현실적인 문제를 우리는 어떻게 해결할 수 있을까.

저자 크리스토퍼 드 벨래그(Christopher de Bellaigue)는 1994년부터 중동과 남아시아를 취재한 저널리스트이자 작가이다.

역자 최민우는 소설을 쓰면서 번역을 한다. 단편집과 장편소설을 발표했으며, 《오베라는 남자》, 《폭스파이어》, 《쓰지 않으면 사라지는 것들》 등을 번역했다.

농업 혁명의 또 다른 문제

스코틀랜드 고지대에 위치한 1만 7000헥타르의 사유지 '글렌페쉬(Glenfeshie)'는 20세기의 마지막 몇 년에 걸쳐 급격한 쇠락을 겪었다. 수십 년 동안 사슴을 지나치게 방목하는 바람에 언덕의 비탈들은 생명이 깎여 나간 불모지가 되어 버렸다. 나무뿌리의 보호를 받지 못하게 된 페쉬강 둑은 강이 범람할 때마다 토양이 유실되었고, 하류에는 물에 쓸린 토사가 침전했다. 사슴들이 풀을 뜯어먹는 와중에도 살아남은 몇 안 되는 스코틀랜드 소나무들마저 수명을 다해 가고 있었다. 다음 세대를 위한 종자 산지는 조만간 죄다 사라져 버릴 처지였다.

스코틀랜드 글렌페쉬 지역의 소나무. 사진: Murdo MacLeod/The Guardian

1997년에서 2006년 사이 글렌페쉬의 소유권은 세 명의 덴마크 사업가를 거쳤고, 이에 따라 자기 파괴적인 사업 모델도 같이 이동했다. 라이플로 무장한 사슴 사냥꾼들을 꾸준히 유입시키려면 사슴 개체 수를 높은 상태로 유지해야 했는데, 사냥터지기의 인건비와 토지 유지 비용이 늘면서 글렌페쉬의 사냥터 운영은 늘 적자였다. 그러는 동안 고지대를 천연 서식지로 삼아 살아가던 소나무담비, 산토끼, 잿빛개구리매 등은 점점 사슴들에게 밀려나고 있었다.

2006년, 그 세 명의 덴마크 사업가 중 가장 부유한 억만장자 안데르스 홀치 포블센(Anders Holch Povlsen)이 마지막으로 글렌페쉬를 매입했다. 포블센은 온라인 유통 공룡 아소스(Asos)를 포함한 패션 제국을 경영하는 인물이다. 그는 전직 토지 관리인이자 현지 직원인 토머스 맥도넬의 강한 권고를 받아들여, 사유지의 삼림 지대를 회복시키고 생물 다양성을 복원하기 위해 이전 소유주가 착수했던 사슴 개체 수 감소에 더욱 집중적인 노력을 기울였다.

글렌페쉬는 포블센과 그의 아내 앤이 소유한 열두 곳의 스코틀랜드 사유지 중 가장 큰 지역이다. 두 사람이 1996년부터 토지 취득과 '생태 복원(rewilding)'에 쓴 비용은 총 7000만 파운드로, 이들은 스코틀랜드에서 가장 광대한 규모의 부동산을 소유한 지주가 되었다. 생태 복원은 자연이 자유로운 통제권을 갖는다는 견해의 자연 보존 방식으로, 1990년 이후 널리 통용돼 왔다. 그러나 전통을 고수하는 많은 지주와 사냥터 관리인들은 그 단어와 단어 뒤에 있는 생각을 계속 거부하고 있다.

생태 복원 논쟁

스코틀랜드 고지대의 생태 복원은 '시골 사유지는 상류층 사람들이 사냥을 즐기는 무대'라는 개념이 시대에 뒤떨어졌음을 암시한다. 고지대는 부자들이 다른 곳에서 번 돈을 쓰러 오는 곳이었는데, 최근 수십 년간 한 번도 변변한 수익을 낸 적이 없던 사냥터들은 점점 더 독자 생존이 어려워지고 있다. 어느 베테랑 사냥터지기가 말해 준 바에 따르면, 그 사업으로 실제 돈을 버는 사람은 거의 없다. 2013년까지 맥도넬과 그의 팀은 글렌페쉬에서 8000마리의 사슴을 도태시켰고, 근방의 사슴 사냥 업체를 포함한 그의 적대자들은 이를 빌미로 도덕적 고지에 진을 쳤다. "자기들이 사슴을 쏘는 건 스포츠라면서 우리가 사슴을 쏘면 도살이라고 한단 말이죠." 지난 9월 맥도넬을 찾아갔을 때 그가 쓴웃음을 지으며 내게 말했다. “게다가 삼림이 회복되려면 수백 년은 걸릴 거라지 뭡니까.”

글렌페쉬의 소유주인 앤과 안데르스 홀치 포블센. 사진: Tariq Mikkel Khan/AFP

우리는 페쉬강이 내려다보이는 오솔길에 서 있었다. 길 양옆에 서 있는 어린 스코틀랜드 소나무의 녹색 침엽이 불그스름한 헤더에 대조되어 밝게 빛나고 있었다. 소나무 사이로는 자줏빛 열매가 매달린 마가목이 자라고 있었고, 월귤나무 관목에는 봄이 되면 흰나방 애벌레에게 좋은 먹잇감이 될 이파리가 달려 있었다. 페쉬강 저편에도 새로 자라는 나무들이 더 보였다. 나무들은 둑을 감싸며 비탈 위로 퍼져가는 중이었다. 맥도넬이 미소를 지었다. “보다시피, 우리 경쟁자들께서 틀렸던 거죠.”

지난 20여 년 동안, 남미에서 다뉴브 유역에 이르는 지역에서 정치가, 활동가, 양심의 가책에 시달리는 억만장자들(이 억만장자들이 벌이는 핵심 사업은, 이를테면 포블센의 의류 사업처럼 환경 친화적이지 못한 경우가 잦다)이 맺은 임시 제휴를 통해 수백만 에이커에 달하는 황폐화된 농경지와 방목지의 생태가 복원되어 왔다. 그들을 인도하는 철학, 즉 땅은 그대로 내버려 둬야 한다는 생각은 식량을 얻기 위해 토지를 효율적으로 개간하고 경작하고 비틀어 짜내야 한다는 종래의 지배적 관점을 뒤엎는다.
이 일의 실무자들 상당수가 억만장자이고, 그들이 자연에 되돌려준 풍경은 (서류상으로 누구의 소유건 간에) 우리의 귀한 자산이며, 식량을 토지에 의존하는 것은 깊이 뿌리내린 전통이기 때문에, 생태 복원은 논쟁을 야기하게 마련이다. 하지만 생태 복원은 지구의 건강에 대한 장기적인 관점에 기반하고 있으며, 이러한 관점은 우리가 토지를 환경의 측면에서 보다 지속 가능한 방식을 동원하여 먹거리를 생산하는 데 이용할 뿐 아니라 온실가스를 포획하고, 멸종 위기종을 구하며, 교통 체증과 손 세정제로부터 잠깐이나마 벗어날 수 있는 휴식을 얻는 데, 다시 말해 도시를 떠나 자연의 조화를 즐기는 데에도 이용한다는 점을 분명히 밝히고 있다.
글렌페쉬의 재생이 바로 그러한 작업이다. 맥도넬과 그의 팀은 지난 10년간 페쉬강 유역과 이웃 강 트로미의 유역을 분할하고 있는 언덕을 따라 수만 그루의 소나무, 자작나무, 버드나무와 기타 토종 수목을 심었다. 이제 몇 년 뒤면 이 줄기들은 침식을 방어하는 방벽, 탄소 흡수대, 큰들꿩과 뇌조처럼 고지대에 특유한 새들의 서식 장소로 발전할 것이다. 새와 바람이 씨를 뿌려대고 있지만 밀집도가 1평방킬로미터당 40마리에서 1마리로 줄어든 사유지의 사슴들은 더는 어린 새싹을 모두 먹어치울 만큼 개체 수가 많지 않다. 식물의 수가 늘어나면 소나무담비, 붉은 다람쥐와 산토끼들에게 먹이가 공급된다. 맥도넬은 이런 산짐승들의 개체 수가 늘어나는 모습을 주시하고 있다. 다른 한편으로 솔잣새와 뿔박새 같은 멸종위기 조류의 개체 수도 증가했다. 이게 누구에게 이익일까? 포블센의 스코틀랜드 사업체는 현재 매년 300만 파운드의 손실을 입고 있지만, 2027년 즈음에는 고급스런 숙박 시설에 머물면서 절묘하게 익힌 사슴 고기를 즐기고 되살아난 풍경을 돌아다니는 데 돈을 지불할 고객들에 힘입어 이익을 낼 수 있기를 바라고 있다. 생태 복원 계획이 처음 공개됐을 때, 스코틀랜드의 토지 소유가 소수에게 집중되어 있다는 점을 비판하던 사람들은 — 스코틀랜드 시골 땅의 절반을 약 450명이 소유하고 있다 —

글렌페쉬가 부자들을 위한 자연 보호 구역이 될지 모른다고 우려했지만, 이러한 반응은 일반 도보 여행자들이 무료로 글렌페쉬를 지날 수 있도록 허용되자 다소 누그러졌다. 만약 생태 복원이 부자의 도락(道樂)처럼 보인다면, 이는 복원의 경제적 타당성이 입증되지 않았기 때문이다. 또 생태 복원은 잘못 붙은 명칭이기도 한데, 파타고니아에서 수만 마리의 양을 제거하든, (크로아티아 벨레비트 산맥에 멸종 야생 소인 오록스 대신 사야게사 소를 집어넣은 예시에서 보듯) 멸종된 종을 대신하는 다른 생물종을 도입하든 간에 생태 복원은 그 이름이 암시하는 것보다 인간의 개입을 더 많이 요구하기 때문이다. 생태 복원이 제공하는 관광 사업도 제한적이다. 복원된 지역의 존재 의의를 훼손하지 않고서는 해당 지역에 많은 사람을 수용할 수 없다. 생태 복원가들은 경관을 복구하고 공공의 복리에 기여하는 쪽으로 투자의 방향을 돌림으로써 전통적인 경제 활동에 투입되던 돈을 가져오고 있다. 영국의 농업에 미치는 파장이 느껴지는 것이 바로 이 지점이다. 불과 10여 년 전만 해도 토지가 행성 전체 차원의 안녕을 보장하기 위해 관리돼야 한다는 생각은 가능한 최저의 비용을 들여 사람들의 배를 불리는 것이 존재 이유인 농부들 사이에서 거의 받아들여지지 않았다. 하지만 현재 농업의 미래를 결정하는 과정에서 대두되는 것이 바로 이 생각이다.

농장을 다시 야생의 땅으로

영국 인구에서 농업 종사자의 비율은 1.5퍼센트에 불과하지만 전 국토의 71퍼센트는 농지로 분류되고, 농부들이 소유한 토지의 규모는 그들에게 대중의 상상력을 지배하는 힘을 부여해 왔으며, 이러한 힘은 꽤 많은 암탉과 유머러스한 새끼 돼지 등을 그려내는 동화책을 통해 강화되었다. 시간이 흐르며 이러한 영국의 이미지, 즉 나근나근하고 꽃이 만발한 녹색의 땅, 도시 거주자들이 여가를 누릴 때마다 가벼운 걸음으로 향하는 에덴동산이라는 이미지는 국민들이 자국을 바라보는 시선에도 영향을 끼쳤다.

역경에서 회복한 기억은 당연하게도 집약적 농업 성장의 밑거름이 됐다. 제2차 세계 대전 당시 영국은 해상 봉쇄를 겪었고, 농부들은 관목과 목초지를 파종 가능한 밭으로 바꿔 경작지를 두 배로 늘리라는 지시를 받았다. 평화의 시기가 오고 나서도 자급자족을 이루자는 애국적 운동은 계속됐다. 그러는 동안 인구는 급증했고 농부들은 더 많은 식량을 생산하기 위해 더 많은 땅을 개간했다. 1946년에서 1963년 사이, 매년 평균 3000마일에 달하는 산울타리가 제거되었다. 1973년 영국이 유럽 연합에 가입한 뒤 농부들은 식량 생산에 대한 보상으로 보조금을 받았고, 이로 인해 쓸모없는 잉여 농산물이 불어나자 농지를 유지만 해도 보조금을 받았다. 2017년에는 약 2억 7300만 파운드의 보조금이 이런 식으로 배분됐다. 수십 년간 농부들은 영국이 식량 생산에서 자급자족을 이뤄야 할 지속적인 필요가 있다는 점을 역설하며 보조금을 정당화했다. 비록 많은 경우 이 보조금이 유럽 연합의 보조금 덕에 겨우 지불 가능했던 것이지만 말이다. 이 시기에는 집약적 방식을 통해 수확량을 더 높이 끌어올리려는 쉼 없는 욕망이 환경에 해를 끼칠지도 모른다는 점에 대해 최소한의 자각만 있었을 뿐이다. 이 널리 알려진 지혜에 의문을 제기한 소수의 농부들은 동료들에게 축출당하는 사태를 맞았다.

2000년, 찰스 버렐은 잉글랜드 남부 넵(Knepp)에 위치한 1400헥타르의 사유지에서 10년 하고도 그 절반 동안 일궈온 집약적 농업이 실패로 돌아갔음을 선언하고 난 뒤 깨달음을 얻었다. 버렐은 젖소에서 더 많은 우유를 얻어 내고 기름진 서식스 지역의 흙에서 수확량을 늘리기 위해 자동화된 사양 방식, 최신식 콤바인, 다량의 비료와 살충제에 투자를 아끼지 않았다. 하지만 버렐이 농업에 종사했던 15년 중 13년 동안은 농장에 들어간 돈이 수입보다 더 많았고, 그는 농지에 150만 파운드를 초과로 끌어다 썼다. 2000년 2월, 버렐은 고용인들에게 농장 일을 접겠다고 말했다.

"농장 일꾼들은 …… 부루퉁한 얼굴로 고개를 저으며 사무실을 떠났다." 버렐의 부인 이사벨라 트리는 그들 부부의 경험을 쓴 책 《와일딩(Wilding)》에서 당시를 그렇게 회상했다. 하지만 농장 청산이 아무리 충격적이었다 해도, 농장을 '생물 다양성이 존재하는 야생의 땅'으로 전환하기 위해 공적 자금을 얻어내겠다는 버렐의 결정, 그리고 관광과 유기농 육류로 수익을 내겠다는 그의 목표는 뭔가 단단히 잘못된 것처럼 보였다.

웨스트 서식스의 넵에서 사육하는 롱혼 소. 사진: Picasa/PR

2001년, 버렐은 사유지 내의 작은 구역에서 사업에 착수했고, 자금 조달이 이뤄지자 점차적으로 면적을 확장해 갔다. 그는 땅을 경작하고 화학 물질을 살포하는 일을 중단했다. 내부 울타리를 제거해 야생 엑스무어 망아지와 탐워스 돼지가 구역 안으로 들어와 풀을 뜯어먹고 먼 거리를 헤집고 다니도록 했다. 그러자 그것들이 뒤엎은 땅이 다른 동물들을 위한 서식지로 바뀌었다. 쇠똥구리는 구충제와 기생충 약을 먹이지 않은 롱혼 소가 남긴 맛있는 유기농 쇠똥에 뛰어들었고, 들쥐는 옛 체제하에서라면 청결을 도모하기 위해 베어 넘겨졌을 죽은 떡갈나무에 식민지를 개척했다. 2002년 여름, 지난 한 세대 동안 그 정도의 숫자로는 눈에 띈 적 없었던 벌노랑이와 큰솔나물 같은 멋진 이름의 야생화들이 꽃으로 몰려든 수많은 곤충들과 더불어 올올이 이어져 있는 모습이 세상에 드러났다. 트리의 책에 따르면 “우리가 그리워하고 있는 줄도 몰랐던 광경”이었다.

넵에서 이루어진 것보다 훨씬 야심한 생태 복원 계획이 현재 유럽 전역에서 진행 중이다. 그러나 북부 포르투갈의 사실상 황폐화된 지역인 코아 벨리에서 복원 작업을 진행 중인 다국적 환경 보호 활동가들이, 혹은 인구 1000명의 스웨덴 라플란드에서 같은 일을 하고 있는 사람들이 직면하는 난관이 무엇이건 간에, 인적이 드문 그 지역엔 지역 주민이 보이는 집단적 적개심 같은 것은 없다. 인구가 빽빽이 들어찬 서식스 월드에서 진행되는 생태 복원은 훨씬 더 빽빽한 일이었다.

2003년 8월, 버렐은 자신의 프로젝트에 대한 지역 농부들의 마음을 바꿀 요량으로 그들을 넵에 초대했다. 그가 들판과 울타리를 관목과 습지대에게 양도하자는 비전을 제시하자 말을 듣던 사람들은 분통을 터뜨렸다. "이웃들(과 이들의 가족 구성원들을 포함한 사람들)은 단순히 프로젝트가 자기들에게 맞지 않다고 생각한 것이 아니었다." 트리는 책에 다음과 같이 썼다. "그건 훨씬 더 감정적이고 본능적인 문제였다. …… 그것은 자부심 넘치는 농부들의 노력에 대한 모욕이자, 토지를 부도덕하게 낭비하는 것이었으며, 영국적인 것에 대한 공격이었다."

2008년에 이르자 넵은 래그워트 같은 잡초로 뒤덮이게 됐다. 이 잡초의 선명한 노란색 꽃은 꽃가루 매개자들에게는 더할 나위 없이 좋지만, 가축이 많은 양을 먹게 될 경우에는 죽을 수도 있다. 어떤 삐딱한 이는 〈웨스트 서식스 컨트리 타임즈〉에 보낸 편지에서 넵을 비판하기 위해 우스꽝스러운 시를 지어냈다. "래그워트라는 수치, 역병처럼 퍼지누나. 누구 탓이려나?"

지난가을 폭우가 그친 뒤 넵을 방문했을 때, 예전에 경작지였던 곳은 어린 나무, 부풀어 오르는 산울타리, 개망초 줄기가 흠뻑 젖은 채 뒤죽박죽 펼쳐져 있는 곳으로 변해 있었고, 이런 식의 자연스러운 성장을 통해 넵의 탄소 포집 수용량은 크게 증가해 왔다. 2011년, 버렐은 아두르강의 제방에서 자기 사유지를 지나는 부분을 의도적으로 무너뜨렸다. 폭우가 내리고 나서도 무해하게 범람하는, 일종의 환경 적응형 벌판을 만들기 위해서였다.

버렐이 조성한 '홍수 벌판'과 그의 땅을 종횡으로 누비는 사람들이 만드는 길은 정부가 '공공 재화'라 정의하는 것을 구성한다. 물질적 이익 없이 사회에 제공되는 서비스 말이다. 이는 넵의 생태 복원에 반대하는 지역 여론을 완화시키는 데 상당한 도움이 되었다. 그러는 한편으로 야생 관광을 통해 넵은 성공적인 사업 모델로 탈바꿈했고, 농장이었을 때보다 더 많은 사람들을 고용하게 되었다. 봄철에 여기서 하룻밤을 보내는 사람들은 탁 트인 야외에서 장작으로 물을 데운 스웨덴식 히키 욕조에 몸을 푹 담그고 난 뒤, 나무 위에 지은 고급스러운 오두막에서 느긋이 뒹굴다가 나이팅게일이 제 짝에게 부르는 세레나데를 듣게 될지도 모른다. 이들은 넵에서 구입한 유기농 갈빗살을 들고 집으로 돌아가 탬워스를 자유롭게 달리던 기억을 되살릴 것이다.
트리의 책 《와일딩》이 어찌나 잘 팔렸는지 저자는 최근 BBC 라디오 프로그램 〈무인도 디스크(Desert Island Discs)〉에 출연했는데, 이는 이 책이 조만간 국보급 지위에 오를지도 모른다는 징조다.
요즘 버렐은 전국 각지의 농부들로부터 그의 방식에 대해 질문을 받고 있다. 하지만 넵은 따라 하기 쉬운 사례가 아니다. 넵의 성공은 부분적으로는 그 장소가 갖고 있는 희소성과 귀족적인 매력에 기인한다. 어쨌거나 버렐은 낡은 성에 살고 있는 준남작이니 말이다. 그와 상담하는 농부들이 반드시 생태 복원 쪽으로 마음을 바꾸는 것도 아니다. 버렐 본인의 말을 들어보자. "이 사람들이 생태 복원을 좋아하지 않을 수도 있죠. 하지만 미래가 어떻게 될지 모르다 보니 여기에 동참해야 한다는 압박을 받고 있는 겁니다."
현재 야생화 재배와 홍수 위험 완화 등의 공공 재화를 공급하는 농부들은 농지 유지를 위해 받는 유럽 연합 보조금에 더하여 유럽 연합 환경 보조금을 청구할 수 있다. 다만 수령 비율은 들쑥날쑥하다. 2014년에서 2017년 사이 환경 관련 지출은 4억 8900만 파운드에서 3억 9900만 파운드로 감소했는데, 이는 농부들이 정부가 과도하게 규정을 따지며 일을 처리한다고 지적하는 상황을 반영한다.
잔인한 사실은 정부 정책이 지금보다 더 규정을 따질
예정이라는 점이다. 유럽 연합 탈퇴로 인해 영국 정부는 자국
농업을 몇 년 동안 정체 상태로 유지시켜 줬던, 또한 수많은
사람이 생계를 의존해 왔던 보조금 체계를 폐기하고 있다.
현재 의회에 상정된 농업 법안에 따르면 보조금은 공공
재화에만 전용될 것이다. 만약 농부가 그러한 공공 재화를
공급하지 않을 경우에는 본인의 생산물 판매로만 먹고
살아야 한다. 영국의 대형 농업 회사에게는 그것이 별 문제가
되지 않겠지만, 현재 파산을 막아주는 유일한 수단이 연간
보조금인 소규모 가족 경영 사업자에게는 불가능한 이야기다.
그러다 보니 근심 걱정 가득한 농부들이 버렐의 집 문
앞에 줄을 서고 있는 형국이다. 어쩌면 넵에는 영국 농업의
실추된 이름을 회복시킬 비법이 있을지도 모른다. 더 솔직한
농부들은 자신들의 대중적 지위가 비참하게 추락했다는
사실을 인정하고 있다. 누군가 내게 한탄했듯이, 국가의 식량
창고를 채워 넣는 헌신적인 이들이자 지역 전통의 관리자였던
농부들은 날이 갈수록 '토지를 약탈하면서 공적 자금까지
편취하는' 사람들로 비쳐지는 중이다.

집약적 경작 가능 농업은 생산량을 끌어올리고 병충해를
퇴치하도록 설계된 방식이다. 비료, 살충제, 제초제,
살균제를 많이 사용할수록 수확도 늘어난다. 화학 물질도
사용하지 않았고 잡초도 들끓던 시절인 1940년대에, 버렐의
증조할아버지는 헥타르당 2톤의 밀만 수확해도 운이
좋은 편이었다. 오늘날 고수확 종자를 사용하는 농부들은
헥타르당 10톤의 밀 수확을 기대하곤 하는데, 보통은
살충제와 질산암모늄 비료를 사용하고, 농부들 사이에서
비호지킨 림프종을 일으키는 제품으로 알려져 있는 제초제
'라운드업'도 드문드문 사용한다. 제품들의 발암성을 모른
척할 경우, 제대로 화학 물질을 쓰고 날씨도 맞아 떨어지면
놀라운 결과를 얻을 수 있다. 2015년 노섬벌랜드의 한 농부는
헥타르 당 16.52톤을 수확했다고 발표했는데, 이 기록은
기네스북에 올랐다.
수확량을 증대시키는 데 큰 역할을 하면서 화학 물질은
1만 7000여 명에 달하는 영국 농부의 상당수를 충성스런
고객으로 확보했지만, 이것이 야기하는 장기적 환경
피해에 대한 인식은 점점 커지고 있다. 화학 물질을 다년간

반복적으로 사용할 경우, 뿌리에 물과 영양을 공급하는 작은 균근균뿐 아니라 흙에 공기를 통하게 하고 배수 능력을 증진시키는 지렁이까지 죽게 된다.

이러한 화학 물질의 남용은 많은 동물에게 먹이와 거처를 제공해 주는 산울타리와 관목을 제거하는 광기와 맞물려 야생 생태에 치명적인 손실을 입혔다. 1970년 이후 영국에서는 40퍼센트 이상의 생물종이 감소했고, 야생 동물의 7분의 1이 멸종 위기에 직면했다. 이는 전 세계 평균보다 더 심각한 수치다.

더군다나 농업은 기후 변화에도 한 몫을 거든다. 영국의 농업은 국내에서 배출되는 온실가스의 10퍼센트에 책임이 있다. 주로 소와 양에서 나오는 메탄, 비료에서 생성되는 아산화질소, 토양 속 탄소가 풍부한 유기물이 경작 과정에서 산화될 때 땅에서 방출되는 이산화탄소 등이다.

영국 정부에 농업 정책을 조언하는 옥스퍼드대학 경제학자 디터 헬름에게 지도를 받은 주류 정치인들은 영국 농업의 자애로운 이미지에 분명한 회의를 품게 되었다. 지난해 헬름은 "영국 농업 전체에 닥친 재앙의 전체적인 규모"를 파악해야 한다고 촉구하면서 "어떤 경제 활동도 이렇게 왜곡된 인센티브 제도를 갖추거나 실제 드는 비용에 비해

이토록 적은 가치를 생산하지 않는다"고 덧붙인 바 있다. 심지어 시인 윌리엄 워즈워스가 전원의 풍요로움을 상징한다며 찬양한 목양마저도 이제는 환경 재앙으로 치부된다. 작가이자 활동가인 조지 몽비오(George Monbiot) 같은 이는 '양떼로 만신창이가 된' 영국의 언덕이 기댈 수 있는 유일한 희망은 언덕에 다시 나무를 심고 반추동물을 모두 치워 버리는 것뿐이라 주장한다.

하트퍼드셔의 웨스톤 파크 팜에서 이뤄지고 있는 양 방목. 사진: David Levene/The Guardian

새로이 회의주의로 개종한 이들 중에는 테레사 메이 정부에서 환경부 장관을 역임하면서 현재 하원에서 검토 중인 농업 법안의 초안을 작성하는 데 큰 힘을 발휘했던 마이클 고브도 있다. 심지어 전국농민연합조차 2040년까지 탄소 중립을 이루겠다고 회원들에게 약속하는 실정이다. 비록 그 목표를 실현하려면 아직 개발되지 않은 탄소 포집 기술을 활용해야 하지만 말이다.

농업 법안은 고브가 만든 또 다른 자식인 환경 법안 옆에 편안히 누워 있는데, 지난 1월 의회에서 첫 번째 독회가 이루어진 이 환경 법안은 이른바 '오염자 비용 부담' 원칙을 고이 간직하게 될 것이다. 이 원칙에 따르면 오염을 야기하는 산업은 원천적으로 불이익을 얻는다. 강으로 흘러들어 가는 화학 물질을 사용하는 농부들은 더 이상은 생수 회사와 수산업 분야가 청구서를 대신 지불해 주리라 기대할 수 없게 되었다. 화학 물질 사용은 사용 시 배출되는 온실가스와 그로 인해 생긴 오염물을 제거하는 비용에 의거해 가격이 매겨질 것이다. 다만 비용의 범위를 어디까지 잡아야 하는가라는 곤란한 질문은 아직 해결되지 않은 상황이다.

농업에 들이닥칠 변화는 간단한 경제 용어로 요약이 가능하다. 집약적 농업은 풍작, 즉 연배당에 우선순위를 두는 반면 새로운 접근법은 초기 자본, 다시 말해 토지 보존에 방점을 찍는다. 이 새로운 투자 우선순위가 영국 농업에 어떤 영향을 끼칠지 일별하고자 한다면 이미 다양한 수준에서 이러한 접근법을 자신들의 것으로 만든 진보주의자들을 찾아가 보는 것만으로도 충분하다.

환경 친화적 농업 혁신

지난 9월의 어느 오후, 존과 폴 체리 형제가 본인들 소유의 하트퍼드셔 농장에서 나를 찾아왔다. 손상된 토양을 어떻게 살려 냈는지 보여 주기 위해서였다. 10년 전까지만 해도 두 형제는 매년 가을마다 생기 없는 점토판 같은 흙을 고생스레 뒤집어엎곤 했다. 파종을 시작하기 전에 트랙터용 써레로 흙을 분쇄할 필요가 있었던 것이다. 그런 다음에는 내켜하지 않는 밀을 구슬려 수확하기 위해 땅에다 화학 물질을 흠뻑 부어대곤 했다. "마치 자연과 전투를 치르는 것 같았어요." 폴이 말했다.

1990년대에 미국 중서부의 혁신가들에 이어 소수의 영국 농부들이 유기농으로 방향을 돌리거나, 파종상을 만들기 위해 토양을 경작하는 일을 중단했다. 이들은 이를 '불경작 농법'이라 일컬었다. 2010년, 체리 형제가 이들을 따라 했다. 형제는 토양의 부식을 줄이고 겨울 동안 탄소를 가두어 두기 위해 클로버와 같은 지피 작물을 심었고, 다른 한편으로는 화학 물질의 사용을 줄였다. "그러고 나니까 자연이 우리에게 해주는 게 확 다가오는 거예요." 존이 그렇게 말하며 내 손에 곱게 부서진 흙을 경건하게 붓고는 잠시 뜸을 들인 뒤 흙 속에 있던 '사랑스런' 지렁이를 가리켰다. "이 흙은 강우림의 축소판입니다." 그가 계속 말했다. "지구 인구보다 더 많은 생명체가 이 흙 속에 들어 있어요. 서로의 먹이가 되고 식물의 뿌리와 상호 작용하는 박테리아와 원생동물이 가득하죠."

윌트셔주 솔즈베리 근방의 보리밭에서 작동 중인 콤바인. 사진: Scott Barbour/Getty

체리 형제에게 토양의 건강에 대한 이야기를 듣고 난 뒤, 나는 펜스를 향해 북쪽으로 떠났다. 펜스는 잉글랜드 동쪽에 위치한 4만 헥타르의 저지대 해안 평야로, 전체 면적 중 4퍼센트를 차지하는 농지에서 전국 농업 생산량의 7퍼센트가 수확된다. 나무가 거의 없는 평평한 풍경이 펼쳐지는 이 평야의 상당 부분은 18세기와 19세기에 바다를 매립하여 개간되었으며, 현재는 제방, 물길, 배수구와 잔물결로 이루어진 거대한 시스템에 보호받고 있다. 그리고 톰 클라크라는 농부의 고향이기도 하다.

클라크는 일리 대성당의 그림자가 드리워진 어두운 토탄질 땅에 서서 이웃의 벌판을 가리켰다. 쟁기질을 당한 벌판은 두 집의 사유 재산을 가르고 있는 제방까지 벌거벗겨져 있었다. 반면 클라크의 땅에서 특징적인 것은 10미터 간격을 두고 늘어선 먹이용 무와 야생화였는데, 이는 벌들에게는 꽃가루를 공급하고, 집약적 농업에 식량원을 탈취당한 회색 자고새와 멧새를 위해서는 씨를 뿌린다는 두 가지 목적을 결합한 것이다. 클라크가 어린아이였을 때 그의 아버지는 똑같은 땅에 집약적 농업 방식을 적용해 농사를 지었다. 당시 눈에 띄는 야생 동물이라고는 "토끼 수천 마리"뿐이었다.

나는 엘리에서 차를 몰고 남동쪽으로 가서 서포크의 한 농장에 도착했다. 그 농장에서 브라이언과 패트릭 바커는 자신들이 '오염자 비용 부담' 법안의 도입을 어떻게 준비하고 있는지 보여 줬다. 두 사촌 형제가 소유한 밭 중 한 곳이 두 부분으로 길쭉하게 나뉘어 있었는데, 첫 번째 밭은 수확이 끝나 휑했고 두 번째 밭에는 파켈리아, 호밀, 무가 심어져 있었다. 겨울 동안 땅에 남는 이 '포착 작물'은 작년에 수확한 작물의 뿌리에서 남은 칼륨과 질산염을 포획하여 인근 하천의 오염을 막는다. 시험 기간이 끝나면 두 땅뙈기에서 흘러나온 지표수를 비교해 포착 식물의 효과를 측정할 예정이다.
정부의 새로운 보조금 제도하에서 환경 보존주의와 경제는 (이론상으로는) 완벽하게 일치할 것이다.
바커 가족은 가축들을 경작지로 데려와 천연 비료를 공급하기 시작했는데, 이는 '혼합' 농법이라는 옛 방식을 인정한다는 뜻이다. 이 농법을 통해 농부들은 작물을 기르고 가축을 길렀지만 집약적 방식이 등장하면서 인기를 잃었었다.
브라이언은 콤바인을 조작하면서 밭을 도는 동안 이사벨라 트리의 책 《와일딩》을 오디오북으로 두 번이나 들었다고 내게 말했다. 책은 흥미로웠지만 "세상 모든 곳이 넵 같았다면 어떤 야생 동물은 많았겠지만 또 어떤 야생동물은 별로 많지 않았을 겁니다."
이 기사를 취재하며 내가 얘기를 나눈 영국 농부들은 하나같이 버렐이 넵에서 이룬 일에 대해 나름의 의견을 가지고 있었다. 설사 그 의견이 버렐의 사업이 생색내기용이고 비생산적이라는 혹평이라 해도 그렇다. 환경 친화적 복원 사업에는 여전히 만만찮은 수의 반대파가 있고, 여기에는 옛 방식의 집약적 농법을 고수하는 농부와 종자를 개량하고 화학 물질을 만드는 농업 관련 사업가뿐 아니라 일부 식물학자도 포함되어 있다. 그들의 관점에서는 제아무리 많은 수의 벌과 멧새가 있다 해도 이를 능가하는 불편한 진실이 있다. 전 세계적인 식량 부족 사태가 닥쳐오고 있다는 진실 말이다.

생태 복원의 불편한 진실

2009년 유엔식량농업기구는 세계 인구가 2050년까지 현재보다 34퍼센트 증가하여 91억 명에 이를 것이라고 경고했다. 기구는 이에 덧붙여 "더욱 커지고 더욱 도시화되며 더욱 부유해진 이 인구 집단을 먹여 살리기 위해서는 식량 생산이 …… 70퍼센트 증가해야 한다"고 밝혔다. 현 상태의 사업 방식을 옹호하는 사람들은 유엔의 예측에 비추어 볼 때 농지를 공공 재화로 전환할 경우 엄청난 생산량 부족이 초래될 것이며, 해결책은 더 많은 식량을 재배하는 것이라고 주장한다.

영국에서 가장 큰 농업 기업 몇 곳이 자금을 지원하는

연구 기관인 국립농업식물연구소(Niab)의 기술이사 빌 클라크에게 이는 수확량 증가를 의미한다. 클라크가 보기에 토양이 생산적이어야 하는가, 아니면 건강해야 하는가에 대한 논쟁은 사람들을 먹일 수 있느냐, 그럴 수 없느냐라는 근본적인 선택에서 주의를 돌리는 것이다. "수확량이 오르지 않으면," 캠브리지에 있는 Niab 본부에서 클라크가 내게 말했다. "북아프리카의 사람들이 생존에 필요한 밀을 못 구하는 건 단순히 돈이 없어서가 아니게 됩니다. 밀 자체가 아예 없어질 테니까요." 북아프리카는 유럽 농부들의 주요 수출 시장이다.

클라크에게 유감스러운 사실은, 영국과 유럽의 나머지 지역이 세계에 더 많은 식량을 수출하기 위해 생산성을 크게 끌어올릴 필요가 있었던 바로 그 시점에, 클라크의 말을 빌자면 "기술이 무작정 나쁘다고 하는 비합리적 독단" 덕택에 생산량이 정체되고 말았다는 점이다.

클라크는 과학의 힘이 인간을 향상시킨다고 믿는 사람이다. 그가 보기에 우리는 기술의 진보에 너무 심드렁해진 나머지 과학이 수많은 사람을 기아에서 구해냈다는 사실을 간과하고 있다. 그는 1950년대에 고도로 비옥한 종자인 일본 밀이 유럽 종자와 교배되었을 때 일어난 혁명에 대해 존경심을 담아 말했다. "크기는 반으로 줄고 수확량은 두 배가 되었죠." 예약 없이 방문 가능한 Niab의 생육상에서는 최신의 기적을 볼 수 있다. 마름병이라 알려진 뿌리 질병에 면역력을 부여하는 귀리 유전자를 사용하여 개량한 밀 품종이 그것이다. 이 새로운 변종은 질병에 걸릴 염려 없이 같은 땅에 몇 년씩 연속하여 파종될 수 있다. 마름병을 피하는 방법으로 전해지는 전통적인 관행은 서로 다른 밀 종자를 번갈아 심는 것인데, 이는 자연스럽게 밀 생산 총량을 떨어뜨린다.
하지만 Niab의 수확량 증대 기법은 판로가 없다.
유전자조작(GM) 작물에 대한 유럽 연합의 적개심 때문이다.
이 적개심은 네오니코티노이드 살충제를 포함해 점점 그 수가 증가하고 있는 화학 약품에 대한 적대감으로 확대되고 있다.
유럽 연합의 네오니코티노이드 사용 금지 조치로 인해 유채씨 수확량은 폭락했다. "만약 그 환경 운동가들이 요구하는 대로 농사 방정식에서 살진균제를 뺀다면," 클라크가 말했다. "밀 수확량은 20~30퍼센트까지 감소할 겁니다. 사람들이 정말 원하는 게 그걸까요?"
특정 분야의 농부들은 새로운 농업 법안의 영향을 크게 받지 않을 가능성이 있다. 아직은 규모의 경제와 화학 약품에 의해 파괴되지 않은, 자연적으로 비옥한 토양이 결합하는 곳에서는 집약적 농업이 계속 높은 수익을 낸다.

마이클 슬라이의 집안은 잉글랜드 내전 이래 피터버러 근방의 작은 마을 소니에서 쭉 농사를 지어 왔다. 그들은 토지를 매입하고 매매하면서 슬라이가 설립한 시설인 '파크 팜(Park Farm)'을 현재의 규모인 1600헥타르까지 키웠다. 슬라이가 추수 감사제에 주관하는 연례 봉사인 6월 주말의 '농장 개방' 행사에는 수천 명이 파크 팜을 방문한다. 그는 또한 지역 역사 협회 회장으로도 활동하고 있다. 하지만 둘 중 무엇을 하든 그가 진정 즐기는 것은 본인의 표현을 빌자면 '대규모 상업 경작 농부'라는 자신의 지위다. 벌과 새를 위한 공간을 따로 챙겨준 것을 자랑스러워하긴 해도, 슬라이의 임무는 환경 서비스가 아니다. 식량 재배다.

슬라이의 직업적 비전을 정의하는 것은 지평선까지 뻗어 있는 거대한 사탕무 밭, 각각의 가치가 "수만 파운드"씩 나가는 최신식 트랙터와 파종기와 콤바인, 위타빅스와 미니 체더스 같은 전국적 브랜드와 맺은 최고급 밀 공급 계약이다. 그가 보기에 야생 생태 같은 건 "몇 퍼센트의 일부 부유층"에만 해당되는 문제다. 내가 방문했을 때 곡물로 가득 차 있던 2000톤 규모의 번쩍거리는 신축 저장 창고는 거대 시장에 바치는 찬양이다.

슬라이는 지피 작물 사용이나 불경작 농작법처럼 생산량이
줄어들 수 있고 상업성도 입증되지 않은 기술에 집중하기를
거부한다. 토양에서 꿈틀거리고 있는 벌레들에도 불구하고
체리 형제의 영농 방식은 손실을 보는 중이며, 보조금 개혁이
시작되기 전까지는 그 상태로 머물러 있을 공산이 크다.
슬라이가 우려하는 것은 영국 정부가 유럽 연합을 일단
떠나고 나면 네오니코티노이드나 유전자 조작을 이용한 수입
농산물에 대한 관세를 철폐하고, 그로 인해 자국 농부들의
힘이 빠질 것이라는 사실이다. 영국은 이미 식량의 절반을
수입하고 있다. 네오니코티노이드 살충제 금지 조치 이후
유채씨 생산량이 폭락하자 영국은 똑같이 네오니코티노이드
살충제를 사용해 생산한 캐나다산 유채씨 기름을
수입함으로써 부족분을 메웠다.
식량 수입 증가는 슬라이의 근심에 힘을 실어주고 있다.
그는 정부가 공공 재화 확충이라는, 사람들 배를 채우는
데는 쓸모가 없으면서도 한창 유행 중인 '포교 행위'에
완전히 굴복할 준비를 하고 있다고 본다. 영국이 현재 자국
농업 수요의 30퍼센트를 공급받고 있는 유럽 연합에서
탈퇴하는 과정을 밟는 현 상황에서, 슬라이는 식품 안전에
대한 관심이 인색하다는 사실에, 만약 세계적인 식량 위기가

닥칠 경우 스스로를 먹여 살릴 수 있는 국가가 되어야 한다는 자랑스러운, 하지만 현재로서는 불가능한 이상에 대한 관심이 빈약하다는 점에 분노를 감추지 않는다. "만약 영국이 특정 농산물을 계속 생산하고 싶다면," 그가 말했다. "지금 제안되는 시스템은 그 목표와 절대 양립할 수 없을 겁니다. 우리가 원하는 것이 조금 투입해서 조금 거두는 농부인지, 많이 투입해서 많이 거두는 농부인지 자문해 봐야 해요. 중간은 없습니다."

농업 혁신의 치명적 아이러니

유엔이 예견하고 있는 식량 부족을 완화하는 확실한 방법은 덜 버리는 것이다. 수십 년 동안 풍족하게 지내 온 세계의 일부 지역에서는 매년 생산되는 식량의 3분의 1인 13억 톤 가량이 폐기된다. 1960년대에는 30퍼센트 이상이던, 평균적인 영국 가정의 예산에서 음식 소비가 차지하는 비중은 현재 10퍼센트 아래까지 떨어졌다. (영국은 싱가포르와 미국 다음으로 세계 어느 나라보다 '장바구니' 물가가 싸다.) 사람들이 상품을 무척 가벼운 마음으로 사고 있으니, 상품을 생산하느라 투입된 자연 자원과 인간의 독창성에 대한 고려 없이 다량으로 버려지는 것도 놀랄 일이 아니다.

슈퍼마켓을 돌아다니는 동료 쇼핑객 사이에서 눈에 띄는 동요가 전혀 감지되지 않는다면, 이는 식량 부족에 대한 전망이 현재의 풍요와 너무도 동떨어져 보이기 때문이다. 이사벨라 트리는 더 많은 식량을 생산해야 한다는 "소매업자, 농업 관련 사업가, 농민 조합"의 요구와 "보조금과 과잉 생산으로 인해 상품 가격이 하락하면서 …… 폐업하고만 우리 같은 농부들의 경험"을 대조한다. 좌우 어느 쪽 정부도 식품 절약을 독려할 수 있는 부가가치세 부과 같은 조치를 선뜻 고려하지 않고 있다.

개량된 유전자와 곡물 성장 촉진제의 사용을 둘러싼 논쟁이 지속되는 동안 과학 기술은 식량 생산에서 완전히 새로운 방향을 열어젖히고 있고, 이는 농장에서 농사일을 제거하게 될 것이다. 로봇과 드론은 인간이 농지에 있어야 할 이유를 줄이고 있으며, 그러는 한편 LED 조명과 유전자 편집, 특정 효소나 단백질을 처리하는 기법인 메타제닉스를 이용해 온실에서 작물을 재배하는 수직농법은 식량에 대한 새로운 정의를 제시하고 있다. 싱크탱크인 '리싱크X'가 최근 내놓은 보고서에 따르면, 향후 15년 내에 생물 반응기에서 키워낸 동물 세포로 만드는 세포 기반 육류가 미국의 거대 소고기

산업을 파산시키는 동시에 사료용 콩과 옥수수의 재배 필요성을 없애버릴 것이라고 한다. 보고서는 2035년이 되면 미 대륙 면적의 4분의 1에 해당하는 지역이 "다른 용도로 쓰일 수 있게 풀려날 것"이라 예측하고 있다.

랭커셔주 버스코우에 버려진 작물들. 사진: EnVogue_Photo/Alamy

비록 브라질과 파라과이 같은 남미 국가들이 부분적으로는 열대 우림을 파괴함으로써 2018년에서 2027년 사이 세계 농업 재고에 1100만 헥타르의 토지를 추가할 것으로 전망되지만, 선진국에서 농업이 차지하는 공간은 이미 줄어들고 있으며, 미네소타대학의 최근 연구에 따르면 현재 농지로 전환된 토지보다 농업이 중단되는 토지가 더 많다. 이미 의회가 청취한 바, 많은 농부들이 은퇴할 때 세대교체가 이루어지지 않고 있다. 런던에서 살던 어린 시절, 나는 캐나다

대초원 지대에서 농가의 딸로 자란 어머니가 해 주시는 이야기를 들었다. 당시에 라운드업 같은 제초제는 없었지만, 나는 어머니와 당신의 형제자매들이 겨자 밭에서 잡초를 뽑기 위해 짝지어 허리를 굽힐 때 그 일에 감사했으리라 확신한다. 뼛속까지 도시인인 내 자녀들에게 할머니의 성장담은 이해하기 어려울 것이 틀림없다. 영국인 대부분의 상상력에서조차도 농업은 후퇴하는 중이다.

많은 농부들이 미래가 혼란스럽고 걱정스럽다고 고백하는 건 그리 놀랄 일이 아니다. 보조금에 적용되는 새로운 조치는 7년에 걸친 단계적 도입 기간을 갖게 되는데, 이 기간이 끝날 때까지 적응할 수 없는 일부 영세 농가는 파산할 것이다.

보조금에 의존하지 않는 거대 집약적 농가가 영세 농민의 땅을 삼키는 것을 막을 방법은 무엇일까? 또 어떤 사람들은 공공 재화가 세워놓은 굴렁쇠를 요리조리 통과하기보다는 자신들의 토지를 겨울잠쥐와 황금방울새가 그리 선호하지 않을 사업들, 이를테면 고카트 경주나 모터바이크 스크램블링 업체, 그도 아니면 택배 물류업체에 넘길 수도 있다.

내가 반복적으로 사람들에게서 들었던 감정은 대략 다음과 같은 흐름을 탄다. 농부들은 사회가 그들에게 원하는 일이라면 무엇이든 하게 될 것이다. 하지만 그렇다 해도 돈

계산(즉 보조금, 또는 시장 원리)은 정확해야 한다.

설사 리싱크X의 보고서에 들어 있는 주장이 과도하게 부풀려진 것이라 해도, 그 보고서에서 개괄적으로 그려내고 있는 변화는 가능할뿐더러 바람직하기도 하다. 지난 가을, 나는 물류 창고를 개조하여 만든 런던 킹스 크로스의 한 레스토랑에서 토니 주피터를 만났다. 주피터는 자연 환경 문제에 대한 정부 수석 고문이자 환경 단체 '지구의 벗(Friends of the Earth)'의 전 대표로, 늦서리보다 LED 전구 비용이 농부들에게 더 중요해지고 런던 사람들이 생태 복원된 그린벨트에서 스라소니, 비버와 더불어 주말을 보내는 것을 대수롭지 않게 여기는 미래를 내게 그려 보여 주었다.

영국의 농업 공동체는 공적 영향력이 거의 다 기울어가는 소수 집단으로, 먹고살기 위해 진흙에서 구르는 사람들을 과학 기술이 점점 더 적게 필요로 함에 따라 지금보다 더 쪼그라들 운명이다. 농업에서 일어나는 혁명의 "치명적인 아이러니"는, 한때 영국산 황금빛 밀을 담은 마대자루가 쌓이고 또 쌓였던 건물에 앉아 있는 주피터에 따르면, "살아남아 그 혁명을 볼 농부들이 없을 수도 있다는 점이죠."

마치며

요즘 생각지도 못한 일들이 너무 많이 일어난다. 상상도 하지 못했던 쓰레기가 우주 공간을 채우고 구시대의 유물로 여겨졌던 삐삐가 테러용 무기로 둔갑한다. 인류 역사에 새로운 혁신을 가져올 줄 알았던 AI는 혁신보다 '슬롭'을 먼저 만들어 내고 있다. 인류는 인류의 상상을 뛰어넘을 정도로 어리석고 잔인하다. 하지만 동시에 인류는 자기 성찰을 할 줄 아는 존재다. 요즘 말로 하면, '메타인지'쯤 되겠다. 지금까지 당연했던 것이 당연하지 않을지 모른다는 자기 의심, 내가 옳다고 생각하는 일이 타인에게는 불공정이 될 수 있음을 인정하는 겸허함이, 이 세계를 조금씩 더 나은 곳으로 만든다. 예를 들어 농업을 의심하는 일은 그중에서도 가장 힘든 일이 될 것이다. 정치적으로, 경제적으로, 인간적으로 모두 그렇다. 그럼에도 주저 없이 의심하는 사람들이 미래를 만든다. 그걸 믿는다.